零糖社交

格格◎著

Zero Sugar Social

南方出版社
·海口·

图书在版编目（CIP）数据

零糖社交 / 格格著 . -- 海口：南方出版社 , 2025.
4. -- ISBN 978-7-5501-9584-4

Ⅰ . C912.11-49

中国国家版本馆 CIP 数据核字第 2025BM4622 号

零糖社交
Lingtang Shejiao

格格　著

责任编辑：冯慧瑜
出版发行：南方出版社
社　　址：海南省海口市和平大道 70 号
邮政编码：570208
电　　话：（0898）66160822
传　　真：（0898）66160830
印　　刷：三河市九洲财鑫印刷有限公司
开　　本：710mm×1000mm 1/16
印　　张：13
字　　数：170 千字
版　　次：2025 年 4 月第 1 版
印　　次：2025 年 4 月第 1 次印刷
定　　价：56.00 元

前　言

在写这本书之前，我从未思考过关于自己的社交属性、社交习惯和偏好的问题。

"在必要的场合和情境下具有较强的社交能力，能快速建立社交关系。"——如果非要对此进行描述的话，我大概会这么讲。毕竟在我的职业生涯里，很长时间的工作内容都与公共关系、咨询服务以及咨询者密不可分。与人热情地打交道、愉快地聊天、建立相对紧密的联系，在别人看来都是我信手拈来的事。

得知这些信息，在很多人眼前一定会浮现出一个朋友四海云集、日常生活中呼朋引伴的社交高手形象了。但你们可能万万想不到，脱离这些工作后的我，并不是一个热衷于社交的人，虽然我相信自己能在任何时候变成自己想要的模样。这些形形色色、目的迥异的社交体验和繁复纷乱的社交关系，令我越发感觉到，并不是所有社交都是令人愉悦的。

如果你为了利益去开始一段关系，你必须缜密地算计甚至要有所牺牲，这样的社交会让人的身心备受摧残。如果仅仅想要通过结识很多朋友扩大社交圈子来排解自我的孤独感，你最终可能会在肤浅而缺乏信任的关系里被更大的孤独感反噬。当然你也会遇到真正合拍的朋友，收获一段值得长期维系的友情，你却有可能因为过于在乎这段关系而患得患失，甚至滋生出偏执的占有欲。

加缪说过一句话："欲望总是以厌倦收场。"对此我深以为然，且觉得这句话用在社交关系上也是一针见血。频繁出入各种社交场合，下载各种不同的社交软件，每天忙着关注数量众多的朋友的生活又时刻期待被他们关注……长此以往，你的私人生活时间就会被他人占据，你的精神就会被他人左右，你的大脑就会被超载的信息冲击。短暂的愉悦之后，还隐藏着忧思焦虑、疲惫倦怠、混乱无力，甚至自我怀疑和否定。当你的社交状态走到这样的地步，社交欲望的减退和社交关系的推翻重建也就成了一种必然。

当我第一次看到"零糖社交"这个概念时，很意外地发现它居然很符合对我目前社交状态的描述。因为作为一个有一定营养学知识和心理学基础的人，我很明白"零糖"≠没有糖，"零糖"≠没有甜的味道。当各种代糖、甜味剂替代了蔗糖之后，我们的健康风险减小了，但它保留的甜味依然能刺激神经，产生多巴胺，给人类带来快乐。

零糖社交也是如此，它其实隐含了两个层面的意义：第一，社交作为人类最基本的一种社会行为和需求（当然你也可以说自己没有社交需求，但这并不代表这是正常和健康的），就像我们对甜的渴望一样是一种本能；第二，零糖社交在去除风险和负担之后，能让人的精神获得更大的松弛与舒展，获得更多内心的愉悦和自我价值的认可。

下面，请允许我为大家详细阐明。

目 录

第一章
零糖人生，是我们不爱甜了吗？

珍爱生命，追求零糖 / 003

享零糖饮食，过苦味人生？ / 009

蔚然成风的社交零糖化 / 015

零糖，社交多巴胺最后的倔强 / 022

零糖社交的风，刮到了谁身上？ / 028

第二章
佛系躺平惊坐起，已是零糖社交风靡时

更名改姓的"零糖"，低社交欲的延续 / 037

先果腹后吃糖，社交需求后置 / 043

摒弃旧式社交创伤，安全感更高 / 049

精神分析下的自我意识崛起，社交只为"我" / 055

手机和手机软件，躺平式零糖社交 get / 062

第三章
零糖社交标准配料表

主打真诚：信息真实与目标的纯粹 / 071

低能耗维持：不迁就不依赖，不拉扯不算计 / 077

低期望交往：满足最基础的社交需求与情绪价值 / 083

保持距离："远香近臭"是永远的真理 / 089

恰当的孤独：生活的独立与思想的特立独行 / 097

第四章
减糖社交行为建议书

朋友圈断舍离 / 105

自我成长"放题" / 113

拼配搭子文化 / 122

人工智能社交增味 / 129

向山野去 / 136

第五章
契合零糖社交的轻商业模式

孤独经济 / 147

缤纷夜校 / 158

快闪市集 / 168

i 人民宿 / 181

小众沙龙 / 190

第一章

零糖人生，
是我们不爱甜了吗？

> 零糖社交是一种不过分亲密和甜腻的交际模式,是一种在人际交往中主动与他人保持适当距离,让自我情绪价值可以自控的社交行为,是一种从心出发,在交际中崇尚真实、健康和平等的情感共鸣和情感连接,是一种让人与人的交往去伪存真,回归原始和纯朴状态的社交尝试。

01 珍爱生命，追求零糖

既然本书讨论的主题是零糖社交，在进入这个主题的探讨之前，我们有必要了解人类和糖的恩怨情仇的纠葛史。当然，了解这些常识，不是误导我们将一本阐述社交关系的书籍当成一本养生书籍，而是希望能通过糖对我们身体造成的影响延伸和过渡到社交"去糖化"这个主题范畴。

人类对于糖的需求，源于身体的本能需求，就如同生命离不开水。可以说，我们一生与糖有着"剪不断，理还乱"的纠缠。当我们从母体中呱呱坠地的那一刻开始，我们的味蕾就可以从母乳以及其他食品中敏锐地感受到甜味。要知道，母乳中有超过40%的能量都是通过乳糖提供，而自然界中水果蕴含的果糖成分，更是让人类从原始社会开始就感受到生命的甜蜜。

我们不妨想象一下这番情景：远古时期物资匮乏，生活环境十分恶劣。在茂密的热带雨林中，一群原始人正在跋山涉水，艰难地寻觅食物，汗水不断从他们黝黑发亮的皮肤滴落，饥饿激发了他们求生的本能。他们穿过布满荆棘的丛林，四处采集可以食用的植物和野生果实——采摘就是那个时代人类最重要的生存方式，而他们采摘的果实含糖量非常高。在不懂得生产技术的原始社会，糖分因此成为人类得以繁衍的主要能量——突然爆发出一阵震耳欲聋的欢呼，原始人发现一棵挂满熟透野果的果树，他们的味蕾立即本能地跳动，身体内的激素在不断变化中释放无穷的快乐。他们迫不及待地爬上树，摘下甜美的果实往嘴里塞，饥肠辘辘的痛苦顿时烟消云散。这种感觉在进化论上被称为"适应性心理反射"，它能够暗示人类更好地摄取必不可少的营养成分。

就这样，在人类不断进化过程中，对甜味的偏好就成了一种本能反应。人的大脑越来越贪恋这种甜蜜的气息。即便到了现代社会，在物质生活比较发达的情况下，虽然我们的身体不再依靠糖获取营养，但我们依然对甜食有着一种难以割舍的爱好。

快乐和痛苦是人的两种最主要的情绪，如果有一种食物可以抑制我们的痛苦，放大我们的快乐，我们就容易对它着迷。毫无疑问，糖就是这样一种充满魔法的食物。学过生物学的我们都了解，人的大脑含有一种奇妙的物质，名为内啡肽，它的作用就是减轻我们的疼痛感和压力。

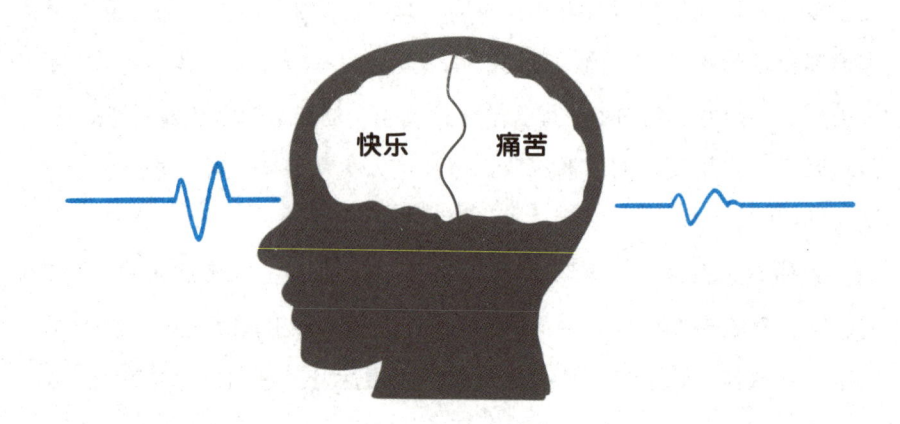

也就是说，如果我们想要减少内心的痛苦，有时吃一颗糖就能起到"精神止痛"的作用。

朋友们，现在你总算明白了吧，为什么有人在面对压力和焦虑时，会疯狂地食用甜食。因为他们需要摄入高糖量来刺激内啡肽的分解，让自己从焦虑的泥潭中解脱出来。

糖分除了可以分泌内啡肽这种减少和解除痛苦的物质，它还有一个容易让人上瘾的重要原因就是，可以直接分泌"多巴胺"这种快乐物质。没有人不喜欢多巴胺，多巴胺就是一个快乐小天使，奖赏给我们的就是幸福快乐的体验。当一个人通过吃糖获得了快乐体验时，为了追逐更大的快乐，就想要摄入更多的糖分，从而形成了很难戒掉的糖瘾。

一个人痛苦时想要吃糖，一个人快乐时也想要吃糖，糖分就是如此轻松地控制了我们的大脑。如果我们将内啡肽与抑制痛苦、多巴胺与传递快乐比喻成一种社交关系，糖分就是维系这种关系的一根纽带。如此的话，我们在讨论人类和糖的纠葛时，就为后面的社交去糖化埋下了一个伏笔。在我们的社交行为和社交场景中，究竟要保留多少甜腻度才是合适的？

这个问题我们暂且不表，让我们继续梳理人类和糖那些"剪不断，理还乱"的纷扰。我们可以说，我们喜欢吃糖，是身体机能的需求使然。但我们不能将身体对糖的需求视为糖瘾的唯一原罪。因为在古代，人类的制糖技术和工艺还很落后，那个时候糖就是一种奢侈品，产量低，物以稀为贵，一般的老百姓根本没有口福享用，只有位高权重的达官贵人，或者腰缠万贯的富豪们才能享用。因此那时糖对人类身体造成的危害微不足道。

在16世纪的欧洲，普通人三个月的工资才能购买一磅糖。在我国明朝时期，糖是皇宫和达官贵人的专属食物，老百姓只有过年过节时才有机会品尝一点糖。在那些不平等的历史时期，很多有钱人为了感受糖的美妙味道，不惜为之一掷千金甚至倾家荡产。比如欧洲的某些贵族就会专门豢养糖人来为他们制造糖食和糖雕。糖人们使用的糖浆是用糖、水和分量很少的柠檬汁、葡萄酒这些饮料调制而成，制作过程很是复杂。

所以，在糖还被贴上奢侈品标签的时代，它对人类身体健康带来的危害并不明显，也没有引起足够的重视。这一时期可以被看成人类和糖感情的蜜月期。糖就是一种无数平民梦想的奢侈的甜蜜。于是古人才会用糖的甜味歌颂爱情，描绘美好的人生。

即便如此，当时还是有一些医术高明的医生发现了糖对人体的副作用。他们观察到，经常食用糖会导致蛀牙，催生一些慢性疾病。而这些疾病在这些神医的眼中都是"贵族病"，毕竟当时只有贵族才能吃上糖，这些疾病只能是贵族和有钱人才会犯。

然而，自从工业革命发生以后，机械化、自动化的制糖技术很快代替了手工制糖。糖的生产成本大大降低，价格越来越便宜。"旧时王谢堂前燕，飞入寻常百姓家"，糖的奢侈标签终于被撕扯，变成了一种普通的食物，这一次，老百姓终于享受了一次"平等"的权利，和贵族以及有钱人一样，轻松地吃上糖了。糖对我们生活的影响越来越大，对我们身体造成的危害也越来越明显。

尤其是20世纪之后，糖的"有毒的甜蜜"属性更是无孔不入，开始侵蚀我们生活和身体的方方面面。糖食产品在游乐场、电影院、餐厅这些家庭外的消费场所大行其道，让我们在它的甜蜜中无法自拔。甜味辅食在我们食谱当中的比例越来越高，导致淀粉类主食为我们供给的热量占比从最高时的90%锐减到50%。

也正是在"甜蜜的"20世纪，一种名为"可乐"的新型糖食碳酸饮料突然风靡全球，糖制食品终于实现了对人类生活的全面统治。据统计，在20世纪90年代，一个美国人平均一年要饮用超过150升的碳酸饮料。人类与糖维持了上万年的亲密情感，终于出现了裂痕和危机。因为过量摄入糖而导致的健康问题尤其是肥胖问题变得越来越突出，越来越可怕。我们对糖的态度，也从渴望、追逐、偏爱变成了警惕、排斥甚至痛恨。

甜蜜虽然是美好的，但相比于我们的健康，远离糖食，从糖的蛊惑中逃离出来，这才是一种明智的健康饮食态度。于是，无糖生活被越来越多人认可和追崇。

无糖生活主张与糖保持一定的距离，减少、消除我们日常生活中的糖分摄入量，减少糖尿病、肥胖症等慢性疾病的隐患。

更重要的是，无糖生活强调让食物回归自然的味道，享受更纯粹的饮食人生。当我们的身体被糖俘虏后，慢慢减少糖分的摄入，远离自然的味蕾就会重拾对美食的原始追求，不再依赖糖分来满足口感。所以，提倡无糖生活，就是向健康、自然的生活致敬，是我们珍惜生命，享受健康人生的明智之选。

现在，我们不妨回到之前的那处伏笔。借鉴人类和糖的饮食关系以及零糖生活意识的觉醒，我们自然能联想到，在社交关系中，经常会面临着相似的苦恼。比如，为了努力维系一段亲密关系，我们就不停地为这段关系加注亲密的砝码，让过度的亲密变得黏稠甜腻，最终反而导致亲密关系的破裂；又比如，我们为了拓展某个圈层资源，将大量的时间和金钱都消耗在其中，就如同让我们的身体摄入了过量的糖分，最后却发现自己倾尽一切想要打造的圈层资源并没有换来对等的价值。这些现象，是不是意味着，我们的社交关系已经生病了？我们又该如何挽救它呢？

这些问题，必须留给零糖社交去解决，也是我们要在这本书中解答的核心问题。但在准备解答这些问题前，我们还必须进一步了解零糖饮食的特点以及如何才能成功地过上这种生活。毕竟，身体减糖和社交去糖化都面临着相同的难度，如何拥有零糖生活的经验也能够给零糖社交带来一些灵感。

02 享零糖饮食，过苦味人生？

当零糖生活成为一种健康、时尚的生活方式，是不是意味着我们必须彻底与糖一刀两断，不再摄取任何糖分，去过真正"零糖"的苦味人生呢？

答案当然是否定的。既然糖是我们身体必不可少的营养成分之一，那么必要的糖分则是不可或缺的。因为我们的身体如果过度缺乏糖分，也会导致很多健康问题，例如头晕心慌、面色苍白、记忆力衰退、精神不集中、行为怪异等，严重者甚至会出现低血糖昏迷。所以，物极必反，享零糖饮食，不是要让我们将身体的糖分全部挤出去。我们需要做的是克制和抵挡糖食的甜蜜诱惑，科学适量地摄入糖分。

零糖虽苦，减糖却能让身体减负，换来更健康的体魄。我们的减糖路，注定是在苦味中寻找健康生活的快乐。对此，你做好准备了吗？你是否有足够的勇气和恒心坚持不吃糖，少吃糖，让糖分的危害和身体对糖的需求实现公正的和解？

让我们先来看一段大约十年前的减糖励志往事。彼时，在美国有一个名为夏娃·绍布（Eve Schaub）的拥有两个孩子的母亲出版了一本名为《无糖之年》（*Year Of No Sugar*）的畅销书。在撰写这本书之前，夏娃·绍布成功说服自己的家人，带领他们坚持了一年的无糖生活。结果发现，夏娃·绍布一家虽然每天少了很多甜味带来的快乐，但身体机能却变得比以往更好了。

让我们来看夏娃·绍布和她的家人是如何做到一年不吃糖的。夏娃·绍布将生活中常见的糖制品列入了禁止食用的黑名单。他们像远古时期的原始人一样，摄入水果中天然存在的糖分。而这些天然的糖分完全能够满足身体对糖的需求。

夏娃·绍布在采购食材时，总会仔细查阅其中的配料，即便去饭店用餐点菜时也会苛刻到要求服务员提供这些食物的配方。但凡这些配料中有糖的成分，她就会马上放弃。

很多人不理解夏娃·绍布和她的家人，认为他们这种减糖方式纯属小题大做，邻居们都在等着看笑话，认为她和家人根本坚持不了多久。面对这些质疑的目光，夏娃·绍布依然我行我素，以身作则，不断为家人加油打气。

有人还担心，无糖饮食会增加生活成本。但实践出真知，他们一家的无糖生活一点都不昂贵。因为在这期间她学会了自制无糖面包、无糖果酱等食品，很好地控制了生活开销。她仅花143美元就能采集一家人每周所需的无糖食材。

到底是什么原因促使夏娃·绍布一家人过无糖生活呢？在接受采访时她表示，自己和家人逛超市时经常发现，糖这种物质几乎完全占领了货架上的各种食物，从香肠到咸饼干甚至200种不同面包中都含有糖的成分。这种现象让夏娃·绍布触目惊心。

当一年的无糖生活体验结束时，虽然夏娃·绍布的体重没有减轻，她的睡眠和情绪也没有明显改变，但她和家人的精力以及健康状况却得到极大的改善。这便意味着，无糖生活对身体的改善不是一蹴而就的，而是一个艰辛缓慢的过程，需要我们在生理和精神双重层面坚持不懈。如果没有强大的意志力，在减糖的道路上就会半途而废、前功尽弃。

体检结束时，为了庆祝第一阶段的无糖生活成果，夏娃·绍布允许自己和家人品尝一块巧克力。但令他们感到奇怪的是，此时糖的味道并没有给他们带来久违的甜蜜感，反而更多的是奇怪和难以下咽。

当零糖生活成为一种健康时尚的生活方式开始在全球流行时，中国人对它的态度又是怎样的呢？来自英国数据分析公司GlobalData的一份报告显示，2023年中国低热量饮料的销量增长了39.6%，其中果汁和果汁饮料的增长率分别为9.6%和11.8%，远远高于碳酸饮料的1.5%。

这份报告表明，自从世界卫生组织将阿斯巴甜列为潜在致癌物质后，低热量碳酸饮料在中国市场遭遇了前所未有的滑铁卢。预计2024年碳酸饮料的销量增长将进一步放缓至1.1%。特别是疫情后，中国人的健康意识得到进一步增强，促使更多人选择更为健康的生活方式，减少含糖饮料的消费，这个趋势必然限制对果汁粉和碳酸饮料等高糖饮料的需求。

看到这份调查报告数据，我的心情无疑是非常愉悦的，这说明无糖生活在中国已经深入人心，越来越多中国人愿意为了身体健康尝试零糖生活。

接下来，我将利用一段我的亲身经历，来证明零糖生活对健康的各种好处。同时，在之后的章节中，我也会引用一些其他的真实案例来阐释或佐证与之关联的见解。为了保护这些案例中真实人物的隐私，以下所有案例中的人名均为化名，在此一并说明，之后不再赘述。

一年前，我给一个叫小雅的26岁女生做过心理辅导。她曾经是一个性格开朗、活泼好动的女生，1.65米的身高，体重却不到100斤，可

以说是一副标准的美女身段。然而在经历一段失败的恋情以及家庭变故打击后，小雅不幸患上了抑郁症。她不仅变得自我封闭，而且经常依赖各种高糖量的零食减压。结果不到两年时间，她的体重不可抑制地狂飙到 140 斤。

当小雅第一次来到我的工作室，向我出示她过去的照片时，我根本无法将眼前这个体态臃肿、面容憔悴的女生和过去那个青春靓丽的她联系在一起。在经过一段时间的接触后，我和她建立了良好的信任感。她终于听从我的建议，愿意尝试慢慢戒掉她的糖瘾。

对小雅而言，这个过程从一开始就充满旁人无法想象的痛苦。其实这很好理解，糖分在小雅大脑内分泌的多巴胺带给她的快乐远远超过抗抑郁药物的功效。当摄入糖分减压成为一种习惯，要让她从糖的绑架中脱身，不仅是对她心灵的一种考验，更是对她身体的一种淬炼。

为了让她戒糖变得更加系统和有步骤，我请了一个熟识的营养师给小雅制定了一份减糖食谱。在这份特别定制的食谱中，营养师鼓励小雅多摄入新鲜蔬菜、水果、全谷类、豆类等食物，因为这些食物富含膳食纤维、维生素和矿物质，对处于身体机能恢复期的小雅来说，可以快速改善她的身体状况。同时，营养师还让小雅多吃鱼、鸡肉、豆腐等氨基酸含量高的食品，以便维持她肌肉和组织的健康状态。

当然，选择这份食谱就意味着小雅必须放弃糖果、蛋糕、甜饮料这些和她朝夕相伴两年之久的甜蜜食品。同时，在我的鼓励下，小雅开始恢复运动。晨跑和健身房的时光逐渐代替了她将自己一个人关在家里自怨自艾的时间。在坚持无糖饮食的情况下，适当的运动不仅帮助小雅消耗多余的热量，降低了她的血糖水平，更是彻底改变了她的精神状态。

仅仅一年后，小雅的体重迅速减轻了20多斤。虽然现在离她彻底告别抑郁还需要一段时间，但至少我每次见到她，都能感觉到她离过去那个健康美丽的形象越来越近了。

我之所以在本节讲述夏娃·绍布和小雅两个背景截然不同的女人的无糖生活故事，无非就是想告诉大家，零糖生活并不像一些人想象中那样充满苦味和无法坚持。尽管无糖饮食在初期可能会让我们感到不适，但随着时间的推移，我们就会逐渐发现自己的身体在无糖状态中发生的

奇妙变化。我们的健康、精神状态在不知不觉中就会变得更饱满。并且，当我们逐渐减少糖分的摄入时，我们的味蕾开始品尝食物天然的味道，而不是追求各种添加剂造就的甜味带来的短暂快感。

这样的转变，无疑将促使我们更为珍惜每一口食物，更加珍爱自己的身体。当然，在家庭生活中，要想一个人在零糖生活中坚持下来，无疑会遇到很多阻力。所以，我们需要向夏娃·绍布学习，动员我们的家人一起享受零糖生活。有了家人的参与，就能在一种相互鼓励、相互监督的氛围下获得成功。

不可否认，要想彻底改变自己和家人的饮食方式是难度很大的，何况对小孩来说，谁也不希望拥有一个没有糖果的童年。但我们能做的就是，只要每天能少摄入一点糖，慢慢养成零糖生活的习惯，我们就一定能在零糖的人生中感受到比甜蜜更值得留恋的味道。

03 蔚然成风的社交零糖化

读到这里,有朋友肯定会提出异议,这是一本阐述零糖社交的书,如果一直讨论怎么让身体减糖的话,会不会偏离主题,从而变成一本蹩脚的健康指南?这样的质疑当然很合理。但要想直白地认识零糖社交,我们有必要关注零糖饮食对健康生活的重要性。零糖社交,顾名思义就是从零糖生活衍生出的一个社交概念。

那么,到底什么是零糖社交?如何才能从这个听着时尚理解起来却有几分抽象的概念中找到它的精神本质呢?不妨先让我们从"糖分社交"这个反面概念中一探究竟。

假如社交中真的存在一种糖分,可以将它理解为一种热烈的、很容易让人沉溺的黏性精神物质,即人与人之间的亲密程度。比如有人在日常交往时无差别地对任何人热情似火,保持着旺盛的精力,总需要在主动付出中才能感受自己存在的意义,获得精神上的满足感。还有一种人,虽然不善交际,却随时渴望别人的关注和示好,稍有被冷落的感觉,便会惶惶然犹如天要塌下来一般。这两种人就是两个极端,却有一种共同的情感依附，即需要黏附于别人身上才能感受到自己的完整性。前一种人就像蜜蜂，在不同的花丛中采集花粉来酿制高糖量的精神蜜糖；后一种就像花粉，生怕没有蜜蜂采粉，自己的芳香就会因为不能酿成蜜糖而黯然消失。

这个人可真热情啊……

这两种人的社交方式，都是糖分社交的典型体现。他们就像墙壁上的爬山虎，在情感上过度依赖于社交场景的包容与认可，如果失去了这种依附，就失去向上攀爬的勇气。久而久之，很可能就迷失了自我，丧失了最基本的独立精神。

糖分社交的甘汁为什么能腐蚀一个人的独立性？如果总是沉溺于社交场景，表面上看你的朋友不少，喜欢和你交往的人也很多，但这种应接不暇的交际很容易消耗一个人的精力，要知道，今天我们处在一个快节奏的社会之中。一个人的精力再旺盛，也总是有限的。如果你同时要和很多人搞好关系，你就没有时间和余力追求人际互动中内心的交流和思想的通融，也就是说，你和所有人的交往可能都只停留在表面上，获得的只是一种虚假的"社交繁荣"。一旦到了你心力交瘁的时刻，你会惊讶地发现，手机和微信通讯录熟人如此多，却找不到一个可以倾吐心里话的人。

在社交网络发达的今天，糖分社交产生的精神焦虑比比皆是。小美曾经就陷入了这方面的偏执中。在很多人眼里，小美是一个很容易交往的女人。她喜欢参加各种聚会，每次聚会她都能让自己充满主角光环，非常擅长活跃气氛，因此新朋友都乐意和她互换微信。聚会结束，她会精挑细选一些图片拼凑成九宫格发朋友圈，实时关注点赞人数。如果一条朋友圈的点赞数高，小美就会油然而生一种优越感，在几年前微信朋友圈还很火时，她的每条朋友圈都会赢得可观的点赞量。

但随着抖音、小红书等新的社交媒体开始盛行，小美朋友圈的点赞数越来越少，这让小美陷入了无端的苦恼。刚开始她以为是自己的内容不够吸引人，于是就对朋友圈内容的文字和图片精雕细琢，但效果反而越来越差。小美开始怀疑，是不是自己没有给微信好友的朋友圈点赞留言，所以朋友们对她的关注越来越少。

于是有一段时间，小美疯狂地给自己熟悉的人的朋友圈点赞评论，甚至每条评论都经过了她的精心思考。有时她甚至为自己一条绝妙的评论沾沾自喜，希望得到朋友的回复。她甚至深夜不睡觉，一遍遍地浏览朋友的动态，等着对方对她的回应。有一次她竟然为一条回复等了三天，但那位平日里和她姐妹相称的朋友依然无动于衷。小美顿时感受到了极大的委屈，打电话质问对方为什么不回复她的评论。这个朋友骂了她一句"有病"，直接将她拉黑。

当然，现实中像小美这般严重的社交偏执者毕竟是少数。但不可否认的是，很多人或多或少都充满了相似的焦虑。他们不仅喜欢在现实中充当社交达人，还热衷于在网络中让自己变成朋友圈的另类网红。他们通过取悦别人换取更多人对自己同等分量的取悦，以为这样就能在交际中量变引起质变，让自己集万千关注于一身。

殊不知，这种糖分社交的高糖量输出，在严重亏空自己的身体能量和精神能量的同时，很可能让对方感到甜腻，从而引起不同程度的排斥和反感。况且，这种流于表面的交际很难换取平等的回报，因为你根本没有深入别人的内心，在他们眼里，你充其量就是一张可有可无的熟面孔而已。

和身体摄入过量的糖分会引起各种健康问题相比，过于黏稠的糖分社交对一个人精神的打击和伤害或许更可怕。正是尝尽糖分社交无数的苦涩之后，越来越多的年轻人开始慢慢觉醒，尝试在社交中和他人保持一定的距离，不再将自己的喜怒哀乐建立在别人提供的情绪价值之上，不再对社交产生太高的期望值，主动减少社交圈抛头露面的次数，不沉溺于社交平台，甚至连朋友圈也懒得发了。表面上看，是这些年轻人变得慵懒消极了，变得高冷孤僻了，事实却是，他们通过主动放弃社交繁荣为自己赢得了更多的私人空间，让自己的生活更为轻松、自由和愉快。

现在我们可以为零糖社交下一个定义了：零糖社交是一种不过分亲密和甜腻的交际模式，是一种在人际交往中主动与他人保持适当距离，让自我情绪价值可以自控的社交行为，是一种从心出发，在交际中崇尚真实、健康和平等的情感共鸣和情感连接，是一种让人与人的交往去伪存真，回归原始和纯朴状态的社交尝试。

与糖分社交带来的高负荷、高压力和低能效相比，零糖社交一个最明显的好处就是在自己和他人之间找到了一个完美的精神平衡点，换一句更为形象的话就是，零糖社交为人与人的交往划定了一个最适合的"甜度"，既没有让我们陷入另一种社恐的极端，也让我们避免了社交高糖量对身心的伤害。

国内某知名调查机构曾发布了《2024年社交趋势洞察报告》，这篇报告共采集了将近4000份的有效问卷，其中有一个问题引起了我的兴趣："你和朋友相处时的理想状态是什么？"超过70%的被访者的回答是："和朋友常有联系，但自己独处的时间和空间也在增多。"这份报告再次显示了零糖社交已经从小众的行为变成了一种被更多人接受和追崇的普遍状态。

零糖社交带来的社交松弛感，让在工作和生活中面临各种压力的我们变得更轻松和自信。它在社交去糖化的过程中为人与人之间的交往划分了一道边界，这个边界给我们自己留足了空间。让我们有更多的时间去思考：我们真正需要的外界情感连接是什么？法国作家福楼拜说得好："生活越亲近，心就离得越远！"最值得珍视的人际关系，并非你中有我，我中有你，而是彼此用距离保持独立。

加缪和萨特是我最喜欢的两个思想家。鲜有人知的是，他俩曾经是一对形影不离的密友。两人经常成双结对地出入各种社交场合，亲密无间得就像穿了一条连裆裤。但后来两个人的友谊还是出现了裂痕。事情的原委是这样的：加缪喜欢干涉萨特的家庭生活，经常对萨特的家人指手画脚，引起了萨特老婆的不满。而萨特也以为自己和加缪的思想和灵魂都融为一体，经常在外人面前开加缪的玩笑，一些过分的玩笑挫伤了加缪的自尊心。渐渐地，这对好友的积怨越来越深，几番恶语相向之后，两人最后分道扬镳形同陌路。

后来，加缪与苏联诗人帕斯捷尔纳克成为莫逆之交。吃一堑长一智，加缪总结了自己和萨特从好友到交恶的教训，没有再介入这位朋友的私人生活。两人经常保持着书信往来，即便在书信中也仅限于探讨诗歌哲学和人生感悟，从不窥探对方的任何隐私。如此一来，加缪反而和帕斯捷尔纳克的友谊变得更加深厚。

其实人与人之间的交往，就像国与国之间的交往，理应保持足够宽阔、自然和自由的疆域，就要有一个互不干涉、相对独立的中立地带。这个中立地带，就是零糖社交为每个人创造的精神和生活的保护区，是我们在社交过程中建立自我认知和自我实现的肥沃土壤。随着零糖社交越来越风靡,社交带给我们的压力和焦虑都会在这片保护区里得到释放,让我们每个人都更乐于做好自己,取悦自己,遵循自己的方式获得自洽和平衡。

04 零糖，社交多巴胺最后的倔强

稍有生物常识的朋友都会知道，多巴胺是一种神经传导物质，它能帮助脑内分泌的细胞传送脉冲的化学物质，让我们感知大脑传递出来的兴奋信息。也就是说，如果我们想要感受快乐，就离不开多巴胺这种快乐分子。

前文说过，过度食用糖可以让大脑的多巴胺数量增多，但同时会导致多巴胺传递信号的能力变得越来越弱。于是被焦虑困扰的人们就只能吸收更多的糖分来反刍多巴胺传递快乐的作用，从而养成了难以戒掉的糖瘾。

同样的原理，我们在社交中获得的快乐，也是大脑通过多巴胺传递的。比如我们得到了别人的一句赞赏，我们社交账号发布的作品被人点赞或评论时，大脑就会释放多巴胺，让我们感到愉悦和满足，从而促使我们想要继续寻找这种快乐的体验。在这里，我们不妨将人际交往中产生的多巴胺称为"社交多巴胺"。

我曾经在《Plos 生物学》读到过一篇研究文章，称多巴胺的缺乏会导致社交障碍。这一发现让我们对社会认知方面的神经化学的理解更进一步。也许用不了多久，多巴胺药物可以治疗多巴胺失调患者的社交障碍，比如帕金森和精神分裂这类疾病患者在社交方面的困难。

这篇研究文章还记录了一个有趣的实验：33名身体健康的志愿者被招募到了实验室。研究人员给他们服用了一种名为氟哌啶醇的药物，这种药物能够有效阻隔多巴胺和受体结合，从而降低大脑某些区域的多巴胺数量。这项实验一共进行了两天，志愿者们第一天服用药物，第二天服用了一种药物参照物的安慰剂。研究人员让他们观看了一些三角形互动短视频。每个三角形都代表一种社交标签，比如用一个三角形去恐吓另一个三角形对应人的心理状态标签，用一个三角形去追赶另一个三角形对应人的行为标签。

志愿者们要从研究人员选择的这些标签中描述自己感受到的"社交"场景。通过这种方式来测试志愿者们的理解能力，可以让他们免受语言、面孔这些外来因素的干扰，让实验的结果更科学。实验的结果表明，服用药物比服用安慰剂更能降低志愿者们视频判断的能力，这就有力地证实，无论这些互动是对心理的理解还是对动作的理解，都呈现了多巴胺对人类认知社交的重要作用。

这33名志愿者还参与了另外一个测试，他们共同观看了一个人形图像在不同情绪中的行走状态。在他们服用药物之后，识别情绪变得十分困难。这个测试的结果表明，我们的大脑中存在一个相同

的机制用来识别和理解别人的心理状态。而调节这个机制的化学物质就是多巴胺。所以在日常社交中，我们在多巴胺的暗示下才更愿意寻找让我们开心的事物，并乐意重复这些事情，同时多巴胺可以帮助我们捕捉别人传达的各种社交暗示。

我更愿意将《Plos生物学》这篇有趣的研究文章视为社交多巴胺的实验报告。而这份实验报告更加证实了社交多巴胺对我们人际交往中不可或缺的生理调节作用。我们在谈论多糖、高糖社交时，很自然地会联想到另一个极端——社恐。根据糖分催生多巴胺的这个原理，大家不难想到，无论是糖分社交造成的"社牛"（我也愿意将它称为"社交多动症"）还是"社恐"（我同样愿意将它称为"社交幽闭症"），都是多巴胺失衡的两个极端表现。

既然多巴胺在调节着我们的社交能力，那么它在完成这个工作的过程中应该怎么描述呢？我们都知道，一个人社交能力的高低并非天生的，而是我们在生活中不断总结经验得到提升。我们每次社交之前，大脑就会设想一个期望的开心值，我们将它称为"预期奖励"；当社交行为发生之后就会产生一个真实的开心值，我们将它称为"真实奖励"。预期奖励和真实奖励之间的误差就是奖励的预期误差。如果真实奖励的分值高于预期奖励的分值，便证明我们实现了一次高于设想的愉快社交，这就会促使我们再次社交寻找朋友。相反，如果真实奖励的分值低于预期奖励的分值，就说明我们这次社交很不开心，慢慢地就会形成社交恐惧症。

隐藏在大脑腹侧被盖区的多巴胺细胞就在不断地编码奖励的预期误差，这就是多巴胺调节社交能力的工作过程。多巴胺的细胞就像一台精准的计算机，不断计算着实际奖励与期望奖励的偏差，然后不断地向我们传递这些信息，促使我们改进社交行为和对社交的认知。

为什么性格内向的人容易患社交恐惧症？原因就是一个人性格越内向，对多巴胺传递的信息就越敏感。所以就算极少量的多巴胺，也足以让内向者的大脑受到刺激："行了，我已经很快乐了，不需要你们这些多巴胺分子再来提醒我了！"

相反，一个性格外向的人对多巴胺的敏感度就不如内向者那样强烈，他们要想获得社交的快乐，就必须花更多的精力投入到社交圈，通过高糖量的社交寻找刺激，才能感受到社交的满足感。

在这个情况下，倘若强迫一个内向的人学习一个外向的人成为社交达人，就会导致他们社交超量，一件事情就算再有趣，一旦过头了就会引起他们的反感。好比一个酒量差的人和一个海量的人拼酒，只有喝醉的份儿。在心理学上，这种性格内向的人社交超标被称为"社交宿醉"。

不妨来看一个生活中常见的案例。小何性格内向，忠厚老实，不善交际，却谈了一个性格外向、喜欢交际的女朋友。不少朋友都很看好他们，认为他们性格互补，可以修成正果。刚开始谈恋爱的时候，出于迎合女朋友的兴趣和保护女朋友的目的，小何经常陪着女朋友一起应酬。女朋友说好与几个闺蜜一起吃顿火锅，小酌几杯便回家。如果只是这样，小何的心情还算舒畅，毕竟吃火锅时女朋友的闺蜜将他一顿猛夸，让他内心获得了极大的满足感。

没想到的是，一顿火锅吃完，女朋友和她的闺蜜们还意犹未尽，提议去KTV。这时小何的情绪已经有些不满，因为对他来说，多巴胺传递给他的快乐已经足量了。但在女朋友的眼神命令以及女朋友闺蜜们的劝说下，他还是硬着头皮一起到了KTV。没过多久，她们又叫了一帮不认识的朋友过来。刺耳的唱歌声、猜拳划令的尖叫声萦绕在小何的耳边，让他感到无比烦躁。他坐在沙发上一言不发，看着女朋友和她的朋友们玩得越来越兴奋，越发显得他和他们格格不入。

聚会结束,女朋友喝得烂醉如泥,还不忘问他一句:"亲爱的,你怎么不开心啊?"小何顿时无语。那以后,他参加女朋友的应酬越来越少,而且对她这种乐此不疲的高糖社交行为十分厌恶。仅仅半年之后,两人就因为性格不合而分手了。

读到此处,有的朋友也许会问:"难道小何这种状态就是零糖社交?而他女朋友这种状态就是高糖社交吗?"答案并非完全如此!但可以确定的是,小何的女朋友的确是社交含糖量过高,需要通过减糖来为社交减负。或者说,她的多巴胺分泌超标,需要减少多巴胺的分泌量,提升多巴胺传递快乐的敏锐度。

但是对小何来说,显然他的社交状态不能等同于零糖社交。因为在女朋友的影响下,不善社交的他已经从社交宿醉变成了社恐。很显然,零糖社交不是社恐,社交去糖化不是鼓励我们彻底自我封闭,而是要从适量的社交中感受快乐。

故而,我的看法是,无论是对高糖量社交达人来说,还是对不愿社交的社恐患者来说,保持个人空间和社交空间的平衡才是他们更应该去做的,而这正好是零糖社交提倡的社交理念。就在2023年的夏天,一种以"多巴胺"命名的穿搭风格突然在各大社交平台一夜爆红,成为当季最受追捧的夏装搭配。这种"多巴胺"穿搭以高饱和度色彩的混搭让人眼花缭乱。穿着这些亮丽服饰的人们在城市街头大行其道,就像一个个"行走的水果拼盘",将年轻人渴望寻求情绪满足感,彰显自我和生活仪式感的愿望体现得淋漓尽致。与此同时,多巴胺花束、多巴胺发型、多巴胺饮品、多巴胺家具……让人惊呼万物皆可以贴上"多巴胺"的时髦标签。

不可否认,这些四处张贴的多巴胺标签含有更多标新立异的追风成分,要想让社交多巴胺带给我们真正的社交快乐,或许零糖化才是拥有它的最后的机会。

05 零糖社交的风，刮到了谁身上？

零糖社交犹如一股清新之风，令处于社交疲惫和社交焦虑中的人们耳目一新、神清气爽，突然看清了混沌已久的自我。那么，零糖社交这股社交新风是由谁带来，又将刮到谁的身上呢？

人到中年的"70后""80后"没有能力带动零糖社交风气，其中自然包括我。因为我们早已被高糖社交熏染得世故不堪，宁可随波逐流也无力为自己换一种轻松自如的活法。每一次潮流的兴起，都离不开年轻人的勇于尝试和推波助澜。而正是以"95后""00后"为主体的这一代年轻人，将零糖之风从餐桌推到了社交圈。

我们一定还记得，2022年冬天的时候，在年轻人中间突然兴起了一股围炉煮茶的休闲社交热潮。三五好友，随便找一个清静之地，大家围着一个小火炉煮茶喝茶，嗑着瓜子花生，吃着小点心聊天，轻松惬意，无拘无束。和饭局上的推杯换盏和KTV包厢的歇斯底里相比，围炉煮茶的社交方式显然是一种更符合中国传统社交文化、更接近返璞归真的社交，也是这一代年轻人刮起零糖社交青春风暴的一次成功尝试。

我的一个朋友的女儿，今年 25 岁，从事服装设计工作。让朋友感到惊讶的是，女儿的聚会应酬甚至比她还少，周末和节假日几乎都在家里，从不出去参加聚会。朋友担心女儿排斥社交，这样的话肯定会影响她以后的工作和恋爱。

这天朋友和女儿聊天，道出心里的困惑。女儿嘻嘻一笑，让我的朋友不要杞人忧天。女儿翻开自己的手机通讯录和微信好友里面的备注名，里面全是她的设计师同行、大学同学和一些要好同事的名字。女儿轻松地说道："时代变了，我和朋友们的交流不需要频繁聚会吃吃喝喝了。我们更喜欢在线上群聊，或者通过线下的作品交流会来分享作品，分享灵感，探讨困惑。"

那天这位朋友来我的工作室找我喝茶，感慨我们都落伍于这个时代了。当我们这些"中老年群体"还在固守陈腐的社交方式时，年轻人早就在我们的眼皮底下被零糖社交的风暴刮到了另一个快乐的社交领域。拿她女儿的话说就是，今天的社交需求已经变得非常复杂，让人疲于应付。这些年轻人目睹过父母们为之付出的沉重代价，所以他们才会选择更加简单的社交关系，减少社交的物质成本、时间成本和精神成本。传统人情世故中的感情维护和面子思维根本无法约束他们为自己跳跃的心灵。所以他们主张根据自己的真实需求和兴趣爱好来选择社交对象和社交方式。

从心理学的角度分析，零糖社交并非这一代年轻人选择松弛消极的生活方式。零糖社交呈现的是这一代年轻人在调节生活压力与个人需求之间时的平衡需求。"95后""00后"成长于快节奏、网络化的社会环境中，养成了鲜明的个体心理边界意识，渴望舒适、自主的人际关系，通过减少情感负担来避免对别人精神上的过度依赖。

最近传播较广的"00后"拯救职场现象，就其本质而言，同样是年轻人崇尚零糖社交的一种产物。他们拒绝加班，拒绝画饼充饥，拒绝不平等的职场关系，选择自己感兴趣的职业，实际上都是在职场社交中为自己减糖，减负，让职场关系回归到更自然、更健康的状态。

我的侄儿小志今年21岁，刚刚大四毕业参加实习。不知何时将自己的微信昵称改成了"孤舟独钓"。有一天他突然在我们的家族群发言时，我们都差点误解群里什么时候新增了一个长辈。我开玩笑地问他，年纪轻轻为何要给自己改一个如此老气横秋的昵称，小志笑着回答："不过就是一个网名嘛，你们何必纠结呢？"

我立即遥想当年我们年轻时，总会绞尽脑汁地给QQ和微信取一个别出心裁的网名，只有这样才能彰显自己的个性和才华，吸引别人的注意。想到此处，我竟然在这个比我小20岁的后辈面前感到几分羞愧。

对别人的首肯不抱有过高的期望，这是年轻人零糖社交摆脱精神束缚的一个重要体现。最近一个开绿植店的朋友也发现一个十分有趣的现象，照顾她生意的顾客现在越来越年轻化了。以前来店里买绿植的顾

客都是较为年长的已婚女性，现在她每天都会接待一些二十多岁甚至十八九岁的年轻人。其中有一个叫小陈的女大学生，每周都会来店里两三次。小陈告诉她，自己和身边的同学都喜欢养多肉、绿萝等小的盆栽。她们的宿舍和书桌上都会摆满这些绿植。"每当我对一段社交关系产生过高的期望或者感到失望时，只要抬头看一眼这一抹绿色，内心马上就会释然了。"

不得不说，这一代年轻人选择了零糖社交之后，他们用来维持平和、自由心态的小技巧非常丰富。从网络上风靡一时的"发疯文学"到集体"追短剧"，再到线下现实生活中的"短逃离"，年轻人总是充满各种奇思妙想，用层出不穷的没有公害的轻松手段减压和释放情绪。

一个叫"木易"的年轻人接受媒体采访时坦言:"和我相比,我老爸才是一个聊天达人,他可以从我们家这条街聊到另外一条街,但是我没有继承他这方面的天赋,也庆幸没有他这种能说会道的本领。"

按照木易的说法,如果非要将零糖社交视为一种社恐,他恐惧的并非社交,而是担心自己暴露不善交际的弱点。随着人工智能的兴起,远离饭局、酒吧、逛街这些传统社交场景的木易在网络中找到了适合自己零糖社交的手段,那就是人机互动。他有自己喜欢的人工智能偶像,可以通过人机互动的方式和这些虚拟偶像互动交流。这种交流不仅能保证通话流畅,还具备了和现实相差无几的自然和情感温度,能够满足木易所需的情绪价值。和现实中的偶像崇拜相比,虚拟偶像没有绯闻,不会过度地黏贴你,无疑要单纯轻松得多。有的人工智能精神伴侣的专业程度甚至超过了心理咨询师,在这种情况下,木易为何还要浪费时间和精力和人进行一些质量不太高的交流呢?

我们需要感谢这一代年轻人刮起的零糖社交青春风暴,从更深远的意义来说,这次风暴很可能会从根本上洗涤积垢已久的社会交际,打破禁锢自我的社交法则，让现代社交和中国优秀的传统社交文化实现跨时空的交融。

在零糖社交方兴未艾的时候，这一代年轻人主动减糖，降低社交期待，已经给前辈做出了表率。对我们这些昏昏沉沉、疲惫不堪、如蜗牛般爬行的中年人而言，也应该主动张开双臂，敞开怀抱，迎接零糖社交的清新之风，呼吸零糖社交的纯净空气。

人到中年，越来越注重养生。既然我们能够在饮食生活中认可和奉行无糖概念，那为什么不再勇敢一点，决绝一点，学习年轻人给我们"高血糖"的社交降降糖呢？或许在很多中年人看来，自己现在还是家庭支柱，还是职场和整个社会的中坚力量，在社交关系中有很多无法摆脱的顾虑，所以无法做到像年轻人那样洒脱不羁。

只不过，这些都是中年人缺乏零糖社交勇气的借口而已。因为零糖社交并非让我们零社交，彻底放弃自己经营多年的社交圈层。我们需要放弃的是那些低效、无效的社交应酬，比如攀比局、人情局这种令人生厌的场合。当我们把所有精力都投入到这些无效社交的时候，我们为之付出的代价却是：我们的身体越来越差，和家人一起吃饭的次数越来越少，陪伴孩子的时间越来越少，能感受到的人生乐趣越来越少……如果我们不迅速扭转这种局面，接受零糖社交风暴的洗礼，那我们的人生将会在外部过度干扰和自我内耗的双重压迫中变得越来越沉重，越来越迷茫，越来越无趣。

2024年，一个名为"重构多维附近"的社交趋势引起了社会学家的关注。"附近的消失"是由英国牛津大学社会人类学教授项飙提出来的，它描述了个体的人变得越来越原子化，近距离的人际交往，如社区、社群和邻里等微观层面的关系正在消减。为什么会出现"附近的消失"？有社会学家分析，那就是因为我们的社交精力都被职场社交和其他一些低能无效的社交消耗殆尽，根本没有余力来维系身边这些人际关系。比如，你一年按过邻居的门铃几次呢？你知道小区物业的成员都有哪些吗？

"重构多维附近"的社交模式，其实就是以自我为坐标，搭建不同维度的社交圈层。当自我这个坐标在家庭中时，这个附近的社交就应该以家庭为中心，以亲情为中心，以邻里社群为中心；当自我这个坐标在上班的地方时，这个附近的社交就应该以职场为中心，以事业为中心；当自我这个坐标在兴趣爱好方面时，这个附近的社交就应该以个性为中心。

要想"重构多维附近"，我们就必须接受零糖社交，以零糖或减糖的方式为这个重构过程赢得时间和精力。所以，从这个意义上讲，零糖社交的青春风暴虽然是这一代年轻人掀起来的，但最终却会席卷中年人乃至整个社会。

第二章

佛系躺平惊坐起，
已是零糖社交风靡时

> 零糖社交唤醒的是个体中那个'我'隐藏的自我意识，是以'我'为主导，以'我'为中心的社交行为。

01 更名改姓的"零糖"，低社交欲的延续

在前文中，我们初步认识了零糖社交的基本概念、产生原因和流行趋势。但是，零糖社交究竟是一种新诞生的社交模式，还是一种已有社交概念的新瓶装旧酒呢？

随手拿起手机看到一个短视频，我们都有可能看见视频主角在侃侃而谈社交零糖之后的生活有多么快乐。认识了多年的好友，在日常发布的读书笔记和周末团队骑行比赛的记录后，悄悄带上了"零糖社交"的标签。网友预测公务员考试的面试话题榜上，"零糖社交"也赫然在列且浏览量居高不下。甚至你那大学刚毕业初出茅庐的侄儿侄女们，也一边诟病家里红纱巾老年团的浮夸聒噪，一边标榜自己零糖社交的简单纯粹。

任何一种社会风潮都不会是无源之水，零糖社交的诞生与风行也必定如此。在此之前，被各种社交压力裹挟不堪重负的人们，已经挥舞着"零压力社交""轻量化社交""浅社交""淡味社交""无痛社交"的旗帜挨个儿的粉墨登场过了。零糖社交，和之前这些社交模式相比，会是另外一种更特别的存在吗？

  从字面意义来看，社交关系的疏浅化和淡薄化，社交数量、手段和投入成本的轻量化，对无压力无痛感的极致追求，恰巧都是对零糖社交内涵的精准描述。或者不如说，零糖社交就是对此前这些社交概念一种更名改姓的概括，是现代人社交欲望高开低走的一种延续。

  在很多人开始零糖饮食并使其成为生活常态的同时，社交生活"零糖"概念的出现或许是一种显而易见的必然。从日常饮食习惯到社交层面的延展，生活风格与精神追求的一致性，更具象化的名头，也让零糖社交更容易被大众所认可和接纳而迅速走红。

  曾经被朋友们戏称有"社交牛杂症"的晓奕，在以前的公司同事间的大小聚会中从不缺席，从组织策划团队活动到聚会中热场插科打诨，跟每个同事都能称兄道弟姐长妹短。时间一长，KTV客户经理、旅行社老板、酒吧驻唱表演的歌手、烧烤摊上拼桌认识的老乡，都逐渐成为晓奕聚会名单里新的成员。

  突然有一天，后知后觉的同事发现晓奕很久没有给自己的朋友圈点赞留言了，公司的聚会晓奕也几乎不再出席。曾经对同事嘘寒问暖，帮忙点外卖请喝奶茶咖啡一起八卦明星逸闻，总是活跃在各种酒局饭桌的晓奕不见了。取而代之的，是上班只谈工作下班健身爬山，社交平台也只有零星信息更新的晓奕。

  即便是这样突然消失在社交场合的社牛红人，也鲜少有朋友关心晓奕到底发生了什么而出现这样的改变。渐渐地，公司同事的下午茶凑单直接忽略掉晓奕，周末聚会也有了新的组织者。更有好事者建个小群，背地里八卦晓奕到底是吃喝玩乐赌博借了小额贷款没钱还，还是被哪一任女友抛弃后感情受伤伤到自闭。以前每周都要碰两三次面的酒吧经理，三五次的问候联系没得到任何回复后，朋友圈内容也屏蔽掉这位曾经的

> 今天来聚会的都是自家兄弟,以后有事情招呼一声,大家都互相帮忙……

好哥们儿。就连一直往来密切的业务合作伙伴都纳闷儿,这小子还要不要业绩了?

在晓奕坦诚相告自己想要继续践行这样的零糖社交生活后,很多渐行渐远的同事和朋友并没有因为理解而回归,甚至不理解的也不在少数。亲历了如此大的转变,晓奕笑称现在吃啥都香,失眠也不药而愈,那些所谓"失去的"又有什么要紧呢?

重读国学经典和轻徒步,是目前晓奕日常生活里最具愉悦感的两件事。平时下班后在家里读书,与线上小组成员相互督促,分享心得感悟。周末就背上包,打开手机寻找远离人群的地方徒步,没有特定目标,也不追求速度。社交零糖化之后的生活,变得更为无羁和随性。

说到国学,在经典读本《庄子·外篇·山木》里有大家非常熟悉的一句名言——"君子之交淡如水,小人之交甘若醴",就是对社交关系的描述。2000多年前,庄子就参悟出,但凡厉害的人之间的社交关系都是如水一样的淡而纯,反而是没有什么大作为的普通人之间的社交看起来才像美酒一样甘甜浓郁呢。然而你可知道,在这朗朗上口的一句格言

之后的内容，才称得上是庄子对现代人零糖社交预言化的诠释和说明。

"君子淡以亲，小人甘以绝。彼无故以合者，则无故以离。"虽然君子之间的社交看起来轻浅淡薄，但朋友们的灵魂是高度契合的，感情是亲密而牢固的。有些人之间的关系放眼看去亲密无间，实际上却很容易因为利益冲突或者一些外部因素干扰而断绝关系。回想一下，那些突然就走到一起，并不基于共同爱好或共同经历的一些难忘的事件，就很快亲密起来的朋友，是不是往往到了最后也莫名其妙彻彻底底地在你生活里消失了？

晓奕深表赞同，说的不就是那些因为要点外卖需要凑单省配送费，因为想要打发无聊时间想要找人陪着唱歌喝酒还能平分费用，还有为了促成销售业绩硬要厚着脸皮扯兄弟感情的社交吗？

没错。说到零糖饮食的花样层出，现代人的手段是古代人无法想象的。但说到零糖社交的精髓，老祖宗们在2000多年前就已经深刻领悟，追究起来都不好意思说这是一种新风潮。

零糖社交，不仅在本质上是现代人对社交全面降维的追求，也是中国人在社交层面对传统文化思想的传承与回归。有人会说，古代没有互联网和形形色色的社交软件，人际关系无疑要简单随性得多。其实这是一种对人性和人际交往的误解。社交需求本就是人类作为社会性动物的一种自然需求，是人类建立社会群体关系必不可少的行为，虽然不同的时代，社交需求会贴上不同的标签，但本质不会发生改变。甚至古代的社交关系更复杂、更赤裸、更无情。历朝历代的"朋党之祸"，不正是通过共同的政治欲望将一群各怀心思的野心家聚集在一起吗？表面的谈笑风生，暗藏的是相互之间的算计和利用，推杯换盏的称兄道弟很可能在下一秒就酝酿杀机。甚至古代的同门之谊、同僚之情，一样免不了孙膑和庞涓之间的手足相残。且莫说这些朝堂之上的"高糖量"社交让人欲罢不能，即便是远离庙堂的平民社交，同样无法避免各种人情世故的负累。"天下熙熙，皆为利来；天下攘攘，皆为利往。"正是由于无法接受世俗交往的利益纠葛，才有魏晋时期的"竹林七贤"主动远离官场和日常生活的喧嚣纷扰，在寄情山水中追逐他们洒脱无羁的"零糖社交"；才诞生了"不为五斗米而折腰"的陶渊明五次挂印离仕，享受"采菊东篱下，悠然见南山"的世外桃源生活。

所以，零糖社交虽然是一个新鲜的社交概念，但绝非现代社会才衍生出来的社交模式。它与庄子"君子之交淡如水"的精神内涵一脉相承，继承了中国传统文化思想中充满人文情怀和人性关怀的社交理念。是古人崇尚交"心"而非交"情"的一种简单直接的社交理想，是古人满足心灵需求而非名利所需的低欲望社交行为。好哥们儿聚在一起聊天，喝酒便是喝酒，品茶便是品茶，可以吟诗作赋，可以谈古论今，可以嬉笑怒骂，却半点不能容忍利益伪装下的相互算计，也半点不能容忍相互取悦的刻意追捧或隐忍。所以，今天我们在重温国学，读到"管鲍之交""高山流水"这些典故时，才会感慨古代的零糖社交简直就是一种不可触及的社交天花板，一种美丽的社交童话，才会为李白和汪伦"桃花潭水深千尺，不及汪伦送我情"的一声珍重神往和感动。而先贤们用这种更诗意、更富哲理的方式传承下来的低欲望社交，为今天的零糖社交提供了丰富的精神营养。

于是，对处于社交焦虑的我们来说，当"零糖社交"以一种更富时代精神的概念迎接传统文化社交关系回归的时候，我们就有了更多让情绪价值自给自足的契机。选择零糖社交不是"零社交"，彻底封闭自我消极遁世，而是希求建立一种偏向自我实现和自我表达的社交关系，在社交中适当去糖减负，不再受限于他人的情感依附，让个人情绪和个人价值得到更好的表达和完善。俗话说得好："千金易得，知己难求！"也许我们在人际交往中付出再多的努力，一生也很难得寻觅如同伯牙子期那样心有灵犀的知己。然而，在零糖社交中，只要从我们的本心出发，让社交变得简单一点，松弛一点，不断通过社交去伪存真，一样能在低欲望的零糖社交中寻找到一份真正值得深耕的人际关系。

02 先果腹后吃糖，社交需求后置

不同于人类最初为了解决食物短缺依靠吸收糖分解决饥饿问题，今天的零糖社交，就是用社交过程中的去糖化来满足个体的精神需求，让社交需求后置。即原始人类为了填饱肚子不得不先吃糖再零糖，现代人为了满足精神需求先零糖，然后才会考虑别人的感受而适当地加糖。

德国哲学家黑格尔曾言："人应该尊敬他自己，并应自视能配得上最高尚的东西！"在零糖社交体系中，个体自我的觉醒，让我们开始重新审视社交的本位需求。在糖分社交的价值体系中，自我首先要满足社交对象的需求，通过社交对象的认可度来实现自我价值的认可。为了实现这个目的，我们在人际交往中就只能不断地往里面加糖，提高人际关系的甜腻度。换句话说，我们只有付出，才能获得索取的机会。

如此一来，在糖分社交的经营模式中，要想获得良好的回报，我们必须投入巨大的成本。站在投资的角度，任何投资都充满风险。所以这种先加糖后果腹的社交经营，很可能赔得血本无归，食不果腹。假设你为了获得职场上的升迁机会，费尽心思地上下打点关系，但本来有决定权的那个上级突然"下马",那么你之前付出的所有努力都将竹篮打水一场空,而且你可能还会受到牵连,遭受意料之外的无妄之灾。

　　我身边就发生过一件令人惋惜的事情。我一个朋友的儿子刚刚小学毕业,如果按照学区划分标准,他只能读当地普通的中学。但为了让儿子能挤进当地最好的中学,我的朋友在他儿子读五年级时就开始经营关系了。不得不说,他社交能力强,人脉广,在打点关系方面有着我等只能仰望的优势。两年时间,他几乎打通了每个渠道,为儿子铺平了读那所好学校的道路。当然,他付出的代价也是不菲。单是因为这件事的各种酒局和饭局,他喝酒喝得胃出血,在医院住了一个月才勉强康复。

　　我这个朋友的儿子小学毕业时,各科成绩非常优异。单就成绩和智商而言,读那所好学校完全没有任何问题。正当一家人满怀希望准备送孩子去那所学校报名时,一件意想不到的事情突然发生了。为我朋友牵线搭桥的那个中间人和其中一个有择校话语权的领导发生了矛盾,结果可想而知,城门失火殃及池鱼,那个领导立即翻脸不认人。无论我这个朋友如何苦苦哀求,都被对方一句话狠狠打脸:"我买的是××(即中间人)的面子,现在××不给我面子了,我凭什么帮你?"

现实就是如此冰冷无情，即便你在一段高糖社交中融入了再多再甜蜜的糖，即便你和他人的甜腻度已经如胶似漆，但此类社交都是以利益捆绑为前提。一旦共同的利益不如预期或出现冲突，收获的就只能是比黄连更难以下咽的苦涩。

与糖分社交相比，零糖社交的目的需求就要简单得多，不为取悦别人而交往，不为利益驱使而交往，只愿意追逐内心所需，或者为了满足共同的兴趣，或者是为了得到一份真挚的友谊。无论是哪种情况，都是以自我需求为中心。

当然，即使是以满足个体自我需求为目的的零糖社交，也要付出相应的成本。但这种零糖成本或含糖量极低的成本，不管是对自己还是对别人，都已经让压力降到最低，可进可退。哪怕结果再坏，也不至于遭受精神饥荒。

二十多年前，曾经有一首名为《半糖主义》的流行歌曲引起了无数人的共鸣。"若有似无的甜，才不会觉得腻。""真心不用天天黏在一起，爱得来不易，要留一点空隙，彼此才能呼吸。"S.H.E这首《半糖主义》虽然是让爱情保留距离的表达，但也可以视为拒绝社交关系过度亲密的一种诉求。当然，和今天的零糖社交相比，半糖主义社交无疑要温和得多。

2023年，"搭子社交"在年轻人的生活中风靡流行，很多年轻人在社交媒体发帖寻找有共同爱好的搭子，比如美食搭子、逛街搭子、汉服搭子、剧本杀搭子等等。有幸找到的搭子，都是互不相识的陌生人，只是因为相同的爱好，可以相约一起品尝美食，一起爬山，一起玩剧本杀。活动结束，大家在兴趣之外的工作领域和生活领域互不打扰。

其实，我们不难发现，搭子社交就是零糖社交的一种形式。为了满足自己的爱好和精神需求，摆脱一个人享受兴趣的孤独，我们就将自己需要的亲密关系进行了精确的细分,希望通过这种细分在不同的维度都找到一个或多个志趣相投的人。与糖分社交只看重广度和数量截然不同,搭子社交追求精细化的圈层文化,是一种高效、轻松、快捷和简单的零糖社交方式。由于搭子社交促成的兴趣活动几乎都是均摊成本,所以大家在交流相同的兴趣时,付出的代价也是对等的。而且两个人或多人在兴趣爱好方面的灵感碰撞和满足感,一定远远高于一个人孤芳自赏时的收获。

在地产公司做销售的小刘在搭子社交方面的收获就远超了他最初的期望值。小刘1.8米的身高,身体强健,喜欢打篮球。篮球可以说是他为数不多的爱好之一。但他身边的同事和他不一样,喜欢喝酒唱歌。同事们下班后经常组织各种饭局,虽然大家都奉行均摊成本,但小刘还是很少参与这些聚会。一来他酒量不好,每次喝醉都会影响第二天的工作;二来他也不会唱歌,到了KTV要么自己玩手机,要么就躺在沙发上睡觉。

拒绝参加同事聚会的次数多了,渐渐地大家都认为小刘自视清高,不愿意融入他们的团队,开始有意无意地排挤他。小刘只要一踏进公司的大门,就感到一种无法克制的压抑。但为了工作和生活,他只能默默地忍受这些。

有一天,小刘在本地的一个社群平台上看到了一个招募篮球搭子的帖子。发帖人称,自己是一个狂热的篮球爱好者,希望找到几个喜欢打篮球的有缘人,有空的时候一起打球,一起组队参加当地的民间篮球比赛。小刘非常兴奋,马上联系上了对方。

很快,就有七八个喜欢篮球的人响应了发帖人的号召。他们互不相识,来自不同的行业,甚至彼此中间年龄差距很大,最小的只有16岁,最大的已经50多岁。自从加入了这个篮球搭子团队之后,笼罩在小刘内心的阴霾一扫而光。只要有时间,他就和搭子们一起打球。球场上大

家挥汗如雨,打完球大家一起小聚,能喝酒的便喝酒,不能喝酒的便喝饮料,所有费用大家均摊。

很快,小刘和他们在球场的配合越来越娴熟,并组队报名参加了当季的业余比赛,获得了第三名的好成绩。

一年前,小刘的父亲突然生病住院,治疗费还差十几万元。队友们无意中得知此事,竟然在小刘没有开口的情况下纷纷伸出援手,主动借钱给他。小刘感慨道:"加入这个搭子篮球队,我并没有像在其他人际交往中付出很多,却收获了几个一生中最值得信任的好兄弟。"

在日常生活中,人到中年的我们将社交视为一件必须去做的事情。因此很少有人会去测算社交的成本。即便真的有人关注,最多也是计算社交中的金钱成本。事实却是,在社交成本之中,有时身体成本和时间成本比金钱成本更昂贵。

但对更年轻的"95后"和"00后"来说,他们对社交成本的敏感度比我们都要强烈。初出茅庐的他们刚刚参加工作,虽然他们中间很多家庭都比较富足，生存压力远不如"70后""80后"刚刚出道打拼时那么大，但他们面临的工作压力并不输于前辈们。工作本就很累，留给他们的私人空间少得可怜，还必须面对沉重的社交压力。这些现实都促进了他们自我意识的快速觉醒，要想降低社交成本和心理负担，减少社交频率，避免社交时的无谓消耗便是最直接有效的选择。

他们对待社交时的意识和选择，就是零糖社交提倡的"先果腹，后吃糖，让社交需求后置"的主张。只有在自我需求得到满足的前提下，他们才会适当地为社交需求加一点糖分，添一点甜味。既然零糖社交乃大势所趋，我们在社交过程中的"自私"就变得光明合理了。所以，如果你还在热衷于为人际关系加糖提升甜度，不妨冷静下来，先思考如何满足自我层面精神食粮的需求吧。

03 摒弃旧式社交创伤，安全感更高

前文讨论过糖分社交对个体带来的一些危害。在此，我认为有必要再对旧式社交的创伤进行一番论述。

回顾中国历史，社交似乎一直都是属于上流社会的一个专享词。只有那些皇亲国戚、贵族、文人雅士等名流阶层才会形成真正的社交圈。而普通老百姓、城市小市民不过就是各种聚餐、赶集或赌博才能聚在一起，没有固定的社交形式，谈不上思想或精神层面的交流。

但随着社会的发展，特权阶层逐步消失，人和人之间的公民地位变得平等起来。社交不再是属于某个阶层独有的权利，而成为社会交流的一种常态。然而，现代社会的社交对中国人来说，大部分时间就是在维护一种目标明确的利益关系，我们对社交价值的认可，多数都和物质利益有关。缺乏物质利益的社交，在很多人看来都是无效低能的。这就注定了，零糖社交之前的旧式社交，含糖量都是超标的。

比如，我们要想托人办事，请客吃饭和送礼是免不了的环节；我们要想在职务上得到提拔，就需要用心打点上下级关系，这一点有时甚至

比个人工作能力更重要；我们要想谈成一个单子，就只能和客户在饭局上拼酒量，喝下多少杯酒，才能成功签约……

甚至这股社交的甜腻风气已经开始腐蚀纯洁的校园。很多家长为了孩子的前程，从小就开始培养他们的社交能力。于是在学校中，我们经常看到家境好、父母有权有势的孩子被身边的同学围猎。一些父母为了让孩子多认识和结交所谓的权贵家庭，不惜花重金将孩子送到贵族学校，希望从孩子小的时候就建立一个优质的社交圈。

关于中国人的社交关系，社会学家费孝通曾经评论道："以'己'为中心，就像石子一般投入水中，和别人所联系成的社会关系，不像团体中的分子一般大家立在一个平面上的，而是像水的波纹一般，一圈圈推出去，愈推愈远，也愈推愈薄。"这真是一番精辟的见解，费孝通用投石子的例子，将中国人社交不对等的现实描述得入木三分。

的确如此，如果我们的社交都是为了纯粹的利益索求，人与人的关系也就不可能变得平等。被索求的那个人通常会比索求者更占优势。但也有例外的情况，因为被索求的那个人如果总是被围猎，他也会感到疲惫和力不从心，直到最后的厌倦。而且，如果被围猎之人没有实现索求者的利益期待，他的优势地位也就不复存在了。

我有一个做教育培训的朋友，因为在这个行业浸淫多年，便拥有了很多人脉和门道。前两年国家开始整顿规范校外培训机构，大量资质不符的教育培训机构被取缔。这时不少同行都找到他，希望借用他的关系打点打点，好让他们的资质得以过关。还有一些培训机构经过改头换面，也希望在他的帮助下获得资质。

面对众多熟悉的同行朋友求助，我这位朋友感到十分为难。因为他很清楚，就算利用他拥有的人脉关系，也无法让这些求助者的资质合法合规，于是他只能婉拒了这些朋友的求助。但不少同行认为他是故意不作为，甚至还有人觉得他之所以这样，是想趁机削弱竞争对手，让自己的培训机构一家独大。无端遭受这些误解和非议，我的朋友感到非常委屈，他和很多同行朋友也因此形同陌路不再往来。

我这位朋友的遭遇，实际就是中国式社交人情世故的一个缩影而已。德国社会学家齐美尔在他的《交际社会学》一书中谈到，真正纯粹的社交没有任何社会因素，没有任何相互利用的关系和功利色彩，就是"为了社交而社交"。在这种纯粹的社交场景下，两个人相对而坐，一杯茶，一杯酒，轻松愉快地聊天。在这种惬意的氛围下，聊天的节奏适当，仅是这种闲聊本身就能获得无数乐趣。大家都不会希望利用对方的社会地位或资本为自己谋取利益。

所以，在齐美尔看来，缺乏知识和精神层面的交流沟通，根本不能算是社交，最多只能算是交际。如果根据齐美尔对社交的定义和标准，很多人拥有的只是形形色色的交际，而没有真正的社交。因为真正的社交不会让人累和厌倦，只有耗费时间充满物质欲望的"伪社交"才会让

人感到压力。

　　毫无疑问，旧式社交都可以用糖分社交来概括。回顾近50年的社交发展历程，可以分为三个阶段。第一阶段就是互联网之前的传统社交方式。在20世纪八九十年代，互联网还不发达，没有网络社交软件，那时年轻人想要交朋友，只能在学校、工作单位和其他一些社交场合。比如参加舞会、聚餐、运动会这些社交活动，或者通过朋友的介绍认识新的朋友。和今天的网络社交相比，这种传统的线下社交的范围十分狭窄。

　　这个时期的社交，虽然同样充满了各种目的性，但甜腻度远远低于今天的网络社交。至少，和网络社交相比，它带给我们的体验感更真实，人与人之间的距离更近，所以更能激发内心的情感共鸣。

随着互联网的迅速普及，中国旧式社交很快迎来了第二阶段——网络社交。由于QQ、微信的出现，通过网络结交新朋友成为年轻人最主要的社交方式。网络社交的一个巨大优势就是，打破了线下社交的地域限制和社交圈类型的限制，让交友的范围变得更广了。只不过，网络社交的弊端也是显而易见的。当时流传着一句妇孺皆知的话："在网络上，没有人知道你是一条狗！"网络中充斥着让人难辨真假的信息，甚至催生了各种网络诈骗。

可以说，网络社交彻底改变了中国人的社交方式，让社交变得灵活便捷，无限拓展了中国人的社交圈。尽管如此，网络社交仍然难逃糖分的腐蚀。同时，因为网络的复杂和难以把握，网络社交单纯交友的情况已经越来越少了，充斥着各种人性的复杂欲望，早就不只是有甜度超标的危害了。

随着智能手机的广泛普及，中国人的旧式交友迎来了第三个阶段——移动社交时代。一部手机在手，走遍天下不愁。各种移动社交软件继QQ、微信之后不断涌现，比如陌陌、探探等，手机成为年轻人交友的便捷工具。然而，移动社交依然无法摆脱网络社交的那些弊端，甚至还滋生了更多新问题，比如信息泄露、隐私保护等。

经历了三个阶段的中国人的旧式社交，都洋溢着浓郁的功利色彩。这就注定了在这种社交模式下，我们很容易遭受创伤。如同泰戈尔所言，他们只是在挥霍，不是在奉献，而挥霍者经常缺乏真正的慷慨。那些低能无效的社交活动，等同于一种挥霍。在这些场合中，时间、精力和心情不再有价值。而如果一个人真正珍惜生命，珍惜自我，他宁愿远离这些社交场景，在孤独中创造价值，然后再把最好的价值奉献给社会。

白岩松被问及什么是他心中最向往的社交时，曾这样回答："上世纪80年代正好是我上大学的时候,那个时代的人们可以经常深入地谈心。但现在出现了手机这个第三者,深度谈心已经非常困难了。我还记得那时候的卧谈会,我们可以为一首诗、一部电影和一个观点激烈地争论到半夜,最后大家都没有睡意,不知不觉天就亮了。"再看看今天社交聚会中的谈资,几乎充斥了人类的各种欲望。社交聚会越来越无聊,社交原本应该拥有的思想追求反而成了一种奢侈品。

正因为如此,越来越多的人在面对旧式"伪"社交的无聊本质时,开始变得越来越冷淡。在零糖社交风尚的熏陶之下,他们有了更多的自我保护意识。他们在拒绝同事、朋友的周末邀约时语气更果断,因为这样一来,就可以为自己赢得一个无拘无束的周末。

今天,社交网络的区分越来越精细化。在这种情况下,奉行零糖社交的人们完全可以做出"选择性社交""戴着面具社交"或"限定性社交",这些社交方式都是零糖社交的有效尝试,它们体现的一个共同点就是:拒绝过度社交,让自我更好地成长。

法国思想家蒙田有一句名言:"沉默较之言不由衷的话,更有益于社交!"面对过度甜腻的糖分社交,我们当然有必要选择沉默,选择冷淡,选择放弃。这样的冷淡,就是在为社交减糖;这样的冷淡,能够让自己的情绪变得平和,欲望减弱;这样的冷淡,会让我们更理智地追求内在、知识和精神层面的社交享受;这样的冷淡,可以避免旧式社交不断造成的伤害。

或许,如果有一天人们的知识修养达到与物质财富同等富足的程度,那个时候我们的社交才会变得真正有趣,真正迎来社交零糖化的可爱时代。

04 精神分析下的自我意识崛起，社交只为"我"

当零糖社交开始注重个人的精神体验时，我们也可以说，零糖社交其实就是一种"为己社交"。有人可能会对此提出疑问，任何社交的出发点不都是为了自己吗？比如糖分社交，是为了谋求某种物质利益。

只不过，零糖社交中的"己"，比通常意义的"己"要更主动，更接近一个人的内心。或者说，这个"己"更多偏向于自己的情绪体验和精神价值。在这种价值观的指引下，一旦社交场景让自己感到不舒服，感到有压力，就会主动退却或放弃，而不是还要不顾内心的反抗咬牙坚持。

所以，零糖社交唤醒的是个体中那个"我"隐藏的自我意识，是以"我"为主导，以"我"为中心的社交行为。

新中国成立以前，我们把中国比喻为一头沉睡的雄狮。如果深层次探讨这个隐喻背后的内容，其实就是，中国人在历经数千年的封建社会和近代的半殖民地半封建社会之后，以个体为中心的自我意识已经被牢牢禁锢起来。在旧中国，国人昏昏欲睡，没有自我觉醒意识，这是导致那时中国贫穷落后的原因之一。而近代不断兴起的革命运动，正是率先觉醒的思想先驱和革命先驱用他们的牺牲唤醒沉睡的国人，中国人的自我意识才逐步得到了解放。

所以，一个国家的兴盛与这个国家民众的觉醒休戚相关。只有人民才是一个国家的基石，才是社会的主体。一个国家民众的觉醒程度直接影响这个国家的进步发展。尤其在现代社会，社会个体在精神层面的觉醒，远比科技进步推动国家前进的力量更强大。

作家莫言说："一个人有三次觉醒的机会，看懂了你就明白了人生。"第一次觉醒，通常是指自我认知的觉醒。每个人的人生早期，通常对自己的认知都是不足的，这个时候我们很容易被社会影响，喜欢模仿别人的行为，追求浮于表面的成功和快乐，却忽略了内心真正的价值需求。苏格拉底说："认识自己，是智慧的开端。"当我们迎来自我认识的第一次觉醒时，我们的人生也就迎来了第一个转折点。

但人生的第一次觉醒通常都要承受巨大的苦痛，因为它往往会出现在一次重大的变故或困境之后，比如第一次事业的失败，第一段感情的破灭，这些重大的挫折促使我们不得不审视自己，真正需要的东西是什么？一旦你找到了答案，就意味着你建立了一个独立、完整的内心世界，今后你的人生就有方向可循了。

而社交活动带给人生第一次觉醒的影响也是显而易见的。这段时期的社交，我们总在学习和模仿别人，希望搭建起自己的社交圈。但是，就是因为自我认识的不足，我们不知道自己真正的需求是什么，在人际交往中就会出现很多盲点。因此，这个阶段也是最容易让我们的社交迷惘的时候。换言之，过去年轻人的糖分社交，往往就发生在这个阶段。

人生的第二次觉醒，我们称为"社会认知的觉醒"。经过第一阶段的自我认识和了解，我们明白了自己真正的需求。这个时候，就需要在

社会中寻找属于自己的位置和使命，从而让自我需求得以实现。

庄子道："各人由于受所好之蔽，往往不知我之好。"所以，第二次觉醒就是让我们去了解他人，认识社会，让我们融入社会并创造价值。这个阶段，我们的兴趣爱好才能发挥重要的作用。就是说，我们已经具备了社会责任感，崇尚奉献，乐于奉献。

在这个阶段中，社交活动的糖量超标会远远高于第一阶段。何以如此呢？因为这个阶段我们作为个体竭力了解别人，努力融入社会，势必迎来更多的社交应酬。同时，为了让自己获得别人的认可，得到可以迅速立足社会的关系和资源，就只能委曲求全地取悦别人，理所当然地忽略第一阶段刚刚建立的内心价值。糖分社交带给个体的压力在这个时候体现得淋漓尽致。

在经过前两次的觉醒之后，我们已经慢慢了解自我价值以及内心所求，这时就会迎来第三次觉醒，即灵魂层面的深度觉醒。什么是灵魂觉醒呢？其实就是让我们对人生有更深层次的探索。这个阶段，物质和社会对我们精神的束缚已经无足轻重，我们开始思考，开始冥想，生命存在的真正意义究竟是什么？如何才能让精神归于平静？如何才能让内心回归自然？

说到底，所谓的第三次觉醒其实就是一个人寻求内心宁静和发现生命意义的过程，这个时期我们会关注很多哲学问题，比如生死、爱恨、恐惧、快乐或苦难等等。这个时期可能会耗费我们更多的时间及精力，甚至会让我们感到迷惘、痛苦。但一旦我们参透了这些生命的奥秘，就会如同迎来新生，获得巨大的满足感。

很显然，传统的糖分社交与这个阶段的觉醒已经格格不入了。我们会厌倦无休止的应酬，会远离社交圈的喧嚣，彻底回归到零糖社交状态中。这个阶段，我们才算真正参透了"己"的意义，让所有社交都围绕着这个"己"。

我们可以畅想，当一个人的自我意识觉醒到第三个阶段时，这时候我们的社交活动，便是真正的思想交流和意识碰撞了。就如同当年钟子期和伯牙的相知可贵，就如同陶渊明回归田园"采菊东篱下"，我们也能和知己一起，探讨人生意义和生命真谛。

只不过，就眼前的现实而言，即便零糖社交给我们自我意识的觉醒带来了更多契机，但要想真正实现这种无欲无求的社交境界，显然还有很长的路要走。就如同饮食减糖是一个漫长痛苦的过程，社交减糖造成的精神痛苦更甚数倍。关键在于，我们的自我意识是不是已经开始觉醒？如果还没有开始迈出这一步，那就真的需要好好地自我反省了。

我曾经接待过一个偏执型人格障碍的咨询者。她是一个外表和内心都极为优雅的美容师，患病时间超过两年。她的老公与人合伙开了一家小额贷款公司，前几年业务不错，她的老公经常在外应酬，她便很自然地退出职场，安心在家做起了全职太太。在美容院上班的时候，这位咨询者也曾有自己的社交圈，和一些会员成了朋友。这些女人来美容院一次都要消费好几千元，日子过得很清闲，她们身上还有一个相似之处，那就是婚姻和感情不顺，她们的老公打着社交应酬的幌子在外花天酒地，几乎都有出轨的经历。

换句话说，她所认识的这些阔太太都是怨妇，在被自己的男人背叛后，她们有的是想要报复性消费，有的是想通过美容保养来维系自己摇摇欲坠的自信心，企图通过这种方式来挽回男人的心，拯救她们的家庭。

在我这位咨询者面前，这些怨妇经常给她传递很多负能量，像什么"男人有钱就变坏""男人没有一个是好东西""女人千万不要放弃自己的事业和人脉"等等。她听了之后，往往一笑了之，顺势安慰对方几句。因为她和老公是大学同学，从恋爱到结婚已经15年了，两人的感情基础非常好。她坚信自己和老公既能共苦，也能同甘。

所以几年前老公提出让她回归家庭做全职太太时，她毫不犹豫地答应了。她当时还和老公开了一句玩笑："你可不要让我变成来美容院消费的那些怨妇。"没过多久，她的老公为拓展业务，经常在外喝酒应酬，回家的时间越来越晚，有好几次竟然在足浴城过夜。不仅如此，老公还招聘了十多个年轻貌美的业务员。有一次她去公司找她老公，无意中撞见一个业务员正在和他打情骂俏。

于是这位咨询者联想到她曾经结识的那些贵妇们的遭遇，她在家里再也坐不住了，变得越来越多疑和不安。一开始她只是偷偷地翻看老公的手机，后来偷偷地在老公手机里安装了定位软件，开始跟踪老公的行踪。她的病情越来越重，焦虑、失眠，甚至笃定老公在外有了第三者，还假想出了这个第三者的模样。

终于有一天，她好不容易抓住了"现行"。她发现老公和一个性感的年轻女孩走进了某小区的一套住房。而那个女孩的身形和模样与她臆想中那个第三者的模样几乎如出一辙。她非常愤怒，不顾一切冲到了这个住宅捉奸。但事情的真相却是，这个女孩只是因为急用钱要用自己的这套住房抵押贷款，她的老公只是跟着这个女孩来评估这套住宅的价值而已。

事实上，这位咨询者的老公非常爱她，即便在外面应酬，也从没有做过任何越界之事，更谈不上对她的背叛了。如果按照本书中我们零糖社交的标准，这位咨询者的老公的确处于高糖社交的阶段，正是因为太过于注重自己的生意忙于应酬才忽略了对妻子身心的陪伴和照顾。

我在此无意批评这位咨询者的老公。毕竟每个男人在创业阶段，要想为社交减糖和降低甜腻度，比让他们戒了烟酒还要困难。我感到遗憾的是这位咨询者，当她从职场回归家庭的时候，这也许是一个很好的归属（这里我们不对女人做全职太太的对与错进行评价），因为在这样的契机下，她的社交应酬已经变少，真正接近了零糖社交的边缘。她完全有更多的精力去寻求我们所说的第三阶段的"自我意识觉醒"。遗憾的是，即便回归家庭，减少了职场很多不必要的应酬，她还是为自己加糖了，只是这次加糖的对象是她的老公。当她错失了一个以"我"为中心的最好机会之后，反倒让自己变得更迷失。

05 手机和手机软件，躺平式零糖社交 get

在网络社交中，我们经常会听到一句话："你 get 了吗？"何为社交 get？也许很多人对这个概念比较陌生。其实，它是指我们在社交互动中对别人的兴趣、情感或某种行为背后含义的理解能力和接受度。当我们和某个人互动时，如果能通过对方的动作、神情等非语言性的信号，或者在对话中领悟到了对方的弦外之音，捕捉到了对方的真实情感和意愿时，就可以说我们已经"get"了对方的点。那句古诗"身无彩凤双飞翼，心有灵犀一点通"就包含了这样的"get"能力。

所以，当有人问你"你 get 了吗"的时候，其实就是在问你是否明白了他的想法。这就意味着，社交 get 是一种重要的社交能力。一个真正的社交 get 达人，不仅善于理解别人内心的想法，还对社交背景、社交规则、社交文化有着深刻独到的领悟能力。

在社会交际中，有人非常善于揣摩别人的心思，他们拥有的观察力十分敏锐，可以通过一个不经意的眼神、一个细微的动作，就能洞察到别人的真实想法和内在需求。但有人在这方面的反应非常迟钝，对某些明显的社交信号充耳不闻视而不见。举个例子，比如一个人已经厌倦了和你交谈，对你已经心不在焉，玩起了手机，你还在那里絮絮叨叨地说个不停。

为什么人与人之间的社交领悟能力会有如此明显的差距呢？这和每个人的社交直觉维度的差异有关。我们不妨用一个比较极端的例子来进行说明，那就是泛孤独症人群在社交直觉方面的不足。人们在对某些孤独症患者的行为研究中发现，他们的社交直觉之所以低下，是因为梭状回的激活水平太低和杏仁核的激活水平过高。相反，假如一个人拥有较高的梭状回的激活水平，同时杏仁核的活动又在中低的水准，那么他的社交直觉敏锐度就会非常高。

在糖分社交中，这两类人群的表现都非常突出。社交领悟水平低下的人，就算在社交中一直以别人为中心竭力付出，但由于总是不能领会别人的意图，很容易引发别人的反感和厌倦，所做的只会是低能无效的社交。

但是，社交领悟能力过强，有时并非好事。因为你察言观色的能力越强，意味着别人在你面前暴露的隐私就越多。试想，在这个社会，有谁真的愿意自己肚子里装着一条蛔虫呢？《三国演义》中，很善于揣摩曹操心思的杨修，不就是因为总是揣摩到曹操的心思，引起曹操的猜忌，这才招来了杀身之祸吗？

正因为社交领悟能力给现代年轻人造成的困惑，才让他们纷纷逃离糖分社交，追求更加单纯的低糖社交。他们厌倦了现实社交中的相互揣摩，厌倦了向领导敬酒时要说什么话才能让领导开心，厌倦了同事沉默时还要去猜测他是生气还是伤心，厌倦了朋友之间交谈总是话里有话，厌倦了竞争对手的笑里藏刀……

所以，他们选择了另外一种更为轻松的低糖社交方式——更愿意用

手机 App 来和别人交流沟通。这也是前文提到的中国人的社交方式进入移动社交时代的一个内因所在。智能手机的普及和移动技术的发达，不过是移动社交到来的硬件支持，真正促使越来越多的人选择移动社交方式的原因，其实就是今天的年轻人对一些线下社交行为的厌倦。

今年 32 岁的小文曾经有过多次创业失败的经历。他开过广告公司，做过外贸，和朋友一起众筹做过餐饮，无一例外都亏得血本无归。在总结自己创业失败的经验时，小文认为最大的原因就是他的社交直觉能力不足，理解不了客户、竞争对手与合伙人的想法。

心灰意懒之下，小文转行做起了直播带货，没想到这个选择对他的人生来说是一次成功的转折。短短两年时间，小文就变成了一个拥有百万粉丝的网红，收入变得更加稳定和可观。对比线上线下两种截然不同的创业经历，小文这样对我说："与线下实体创业比较，直播带货要面对的人际关系无疑要简单得多。虽然在直播时经常有粉丝和自己争吵，甚至不乏恶意的人身攻击，但弹幕上的文字和面对面的争吵有本质区别。就算有粉丝不喜欢你，也只是单纯的不喜欢。只要货品的质量没有问题，对我也不会造成什么影响。"

现在的小文,不用再像以前那样,为了一个几万元钱的单子,就要去揣摩别人的喜好和想法,还要随时顾及别人的脸色。他几乎不再参加线下的聚会,和朋友们交流也只是在微信和抖音上。"微信聊天的一个最大好处就是,如果大家聊得不开心了,最多发一个不开心的表情不聊就是了。就算对方再不满,你也看不到他吹胡子瞪眼,听不到他满嘴抱怨。大家的世界都清静了。"

所以,如果站在小文这种年轻人的立场,手机和App成为社交的主要工具,绝不是"躺平"式的零糖社交,而是一种从线下社交到移动社交的自救。2023年底,Just So Soul研究院基于新型社交平台Soul App发布了《2024年社交趋势洞察报告》,提炼了未来年轻人社交趋势的十个关键词,分别是:他者想象、自恋浪漫主义、人机互动、零糖社交、懒系健康、释压崇拜、性价比生活、反抗失重焦虑、线下社交精力流失以及重建多维"附近"。

事实上，这份报告提炼的这十个社交新趋势关键词，有一些我们在前文已经探讨过，还有一些接下来我们也会关注到。总结起来，其实就是一句话，面对流动性越来越快且不确定性越来越强烈的社会环境，今天的年轻人正在试图重建自我秩序，重塑自我的中心与世界的边界，也就是说，很多年轻人都在积极地寻找"社交中全新的自我坐标"。而以手机和App为代表的零糖社交，无疑就是他们重建自我坐标最可行的方式。

现代社会节奏的加快，让很多人陷入了工作、生活、身体与精神的多重焦虑中。在这种情况下，我们用来维护亲密关系的时间越来越少，"线下社交"的体力正在不断削弱，现实中的社交半径已经名存实亡。还是Just So Soul研究院的研究数据表明，今天的年轻人的好友平均只有2人，超过20%的年轻人认为已无可以交心的朋友。每周和朋友聚会的时间平均不到8小时。传统的地缘、血缘等线下社交连接越来越式微。就算一些年轻人想通过线下社交来维系和拓展自己的人脉关系，亦是感到有心无力。有45%的年轻人受访时表示，他们更愿意通过手机App结交网友来拓展社交圈。

和小文的社交领悟能力较差不同，安宁是一个社交直觉异常敏感的女子。用一句通俗的话来说，她曾经是朋友们心目中的交际花，善解人意，对人体贴入微，总是在别人最失落的时候第一时间送上安慰，在别人最得意的时候送上祝福。加之她长得漂亮，所以很多人都愿意和她交往。这也一度为从事服装定制的安宁拓展了很多稳定的客户渠道。

但最近半年，安宁的朋友们惊讶地发现，她经营的服装定制门店已经转让给了别人，她自己也逐渐淡出了朋友们的视线。有人认为安宁之所以放弃这个通过成熟人脉建立的稳定生意，是因为服装行业和其他行业一样都受到了电商的冲击。但真正的原因只有她自己才知道。过去10

年，为了维护这个所谓的生意圈层，安宁微笑背后付出的艰辛让人难以想象。比如，为了一单二三十件的定制礼服，她不得不经常陪客户喝下午茶、健身，甚至是外出旅游。因为在她原来的理念里，这个客户的单子虽然小，但客户拥有的人脉资源就像一座等她慢慢开发的"金矿"，她只有尽力维系好一个客户，才能获得这个客户转介绍的更多机会。

随着安宁的人脉越来越广，她需要维护的客户也越来越多，这让她渐渐感到力不从心。虽然她的应酬方式相对优雅，不接受灌酒和其他所谓的"潜规则"，但还是让她的身体每况愈下，而且属于她的私人时间越来越少。"说来也可悲，我在事业上也算小有成就，现在竟然连男朋友都没有。"说到此处，30岁的安宁显得非常痛苦，脸上挂满了自嘲的笑容。

"他们都说我情商高，很懂得揣摩人心，能够准确理解客户的内心想法。其实生意场上的交往，哪里需要揣摩？你只需要懂得顺从人心就足够了！"安宁对一直被朋友羡慕的社交直觉不以为然。在她看来，很多客户从不会在她面前掩饰他们的想法,她要做的就是顺水推舟满足对方的需求而已,尽管很多时候都是违心的无奈之举。

　　现在安宁已经做出了半年的自我休养和调节的计划,她准备出国一段时间,一边旅游一边考察国外的服装市场。她已有两个月没有参加任何线下的聚会了,一部手机在手,和任何人都可以轻松地沟通。至于半年之后要做什么,安宁还没有想好,"但肯定不会再做线下的服装定制了,因为需要付出的社交成本太高了!如果合适的话,我也可以做线上的服装定制,让我的生活和事业重新从线上开始。"

第三章

零糖社交
标准配料表

> 饮食需要恢复原始的味蕾冲动,生活需要返璞归真,而零糖社交的配方上,首先应该标注的就是无添加:真诚、真实和纯粹。

01 主打真诚：信息真实与目标的纯粹

既然零糖社交已经蔚然成风，变成了今天年轻人重建社交自我坐标、自我"重育"的一种社交潮流，我们该怎样为自己定制零糖社交的"社交食谱"？零糖社交的标准配料表有哪些低糖、无糖的健康材料呢？这便是接下来本章探讨的内容。

我们都知道，零糖饮食的关键就是要摒弃含糖分高的食物，多吃无糖的健康食品，让我们的饮食习惯回归原始和自然。零糖社交的配方自然也要减少糖分，让社交变得更清淡、更自然、更纯粹。

要想找到零糖社交的配料表，我们有必要先研究糖分社交的主要成分。

第一，糖分社交目标的主要成分就是"利益共求"。要知道，"利益"在社交中本就是一种高糖量的东西，撩拨人的欲望，让人充满幻想，致人兴奋和欲罢不能。当社交中充斥着利益这种元素时，社交就不再是单纯的社交，而是变成了博弈。既然是博弈，里面就会充斥着各种权谋和算计，就会让我们本能地有所防范，难以真正地交心。当利益一致时，大家都会感到甜蜜，其乐融融。一旦利益失衡，博弈就会演化为更加赤裸的较量、争斗，直到决裂反目。用一句有些直白的老话说，在利益面前没有永远的朋友，也没有永远的敌人。也就是说，在利益面前，何来真正的社交呢？

第二，糖分社交过程的主要成分就是"讨好型"交往，也就是说，糖分社交都是在讨好别人的过程中进行的。在被物质利益连接的社交圈里面，没有人会主动给你利益，如果有人向你示好，一定是对你另有所求，它和中国"投桃报李"的传统美德有着本质区别。投桃报李体现的不仅是一种礼尚往来，还是一种知恩图报的感情传递，可以称为一种纯粹的无糖社交。

但"讨好型"社交完全不同。当我们在对别人示好的时候，真正的出发点是想从对方那里获得某种利益。用比较极端的话说就是："舍不得孩子套不到狼！"它是一种利益的索求与互换。它最终必然会变成一种交易或博弈，至于这种交易最后是否对等，反而不那么重要了。

在心理学领域，第一个提出"讨好型"人格概念的是美国著名的心理治疗师，第一代家庭治疗师维吉尼亚·萨提亚女士。"讨好型"人格又被称为"迎合型"人格。拥有这种人格的人喜欢处处讨好别人，经常站在别人的角度考虑问题，试图通过迎合别人、取悦别人来获得认可和接受，但不愿意将自己的真实想法和感受表达出来。因为他们害怕自己的感受和别人的想法发生冲突，从而失去他人的好感。

当然，在糖分社交中，我们不能以"讨好型"人格原本的概念来定义它的过程。因为糖分社交讨好别人的目的和"讨好型"人格取悦别人的目的还是有很大区别的。这个区别就是："讨好型"人格想要通过迎合别人来获得别人的认可，他们需要的是一种精神层面的价值认可；而"讨好型"社交讨好别人，是要和对方换取一种物质利益。

尽管如此,"讨好型"社交表现出的某些特征,还是和"讨好型"人格有着极大的相似之处。比如,为了向对方示好或表示足够的诚意,在和对方交往时经常都要为对方着想。社交直觉非常敏感,善于察言观色,可以迅速觉察并满足对方的需求,为了让对方满意,不惜做一些超出自己能力或突破自己人格底线的事情。又比如,讨好型社交的目的虽然是想从对方身上索取某种利益,但因为害怕对方拒绝,便会有意无意地压抑自己的需求,遮掩自己的想法,犹抱琵琶半遮面,非常隐晦地向对方提要求。

毫无疑问,糖分社交过程中的"讨好型"元素,会让一个人的自我价值感变低。一旦自己抛出的绣球没有引起别人的兴趣,自我尊严和自信心就会受到打击。同时,这种"讨好型"的高糖量元素会让人际关系的维护变得非常困难。我们都知道,一种健康和谐的人际关系就是相互之间的关怀温暖和同理心。但一个人在讨好型社交中长期迎合别人，不敢表露真实的自我，就会阻止别人和他建立真正亲密的关系。一旦他的付出被忽略或没有得到期望中的回报，他的内心就会焦虑、怨恨甚至抑郁，情绪健康就会受到损害，这时就很难用平常心去维持这段关系了。

第三，糖分社交充满甜腻的交往行为，含糖量高，既难"吸收"，也不易"消化"，结果是消耗大量的时间、精力和财力，换来的却是低能无效的社交成果。从行为方面的形式看，糖分社交意味着大量的饭局、酒局、牌局或其他应酬局。要应付各种人情局，免不得饮酒过量、饮食过度、身体损耗大，这本就和糖分生活一样给人的身体带来巨大的伤害。从精神类型看，用甜腻的精神物质去捆绑另一个人的想法，无法实现思想上的共融，久而久之便会生腻，收获的一样是低能社交或无效社交。

分析了糖分社交三个方面的高糖分配方，我们可以用一句话来总结：糖分社交最缺乏的就是真诚、真实和纯粹。所以，若想给自己建立一份零糖社交的配料表，首先就要真诚。

何为真诚？我们传递出去的想法或愿望，必须是真实的。哪怕你和某个人交往的目的就是想要从他那里得到某种利益，你也不用刻意遮掩。既然是交易，就必须公开、透明、公平、公正。比如，你想托某人帮你介绍一个新客户，你就第一时间说出你的筹码，你给对方的回报是什么。这样一来，也能让对方第一时间评估他有没有能力做这件事，值不值得做这件事，愿不愿意帮你这个忙。如此，就算交易不成情义还在。这样也好过糖分社交中那些缺乏真诚的试探、博弈和算计。

道理其实很简单。试想一下，就算我们喜欢吃含糖的食品，如果你买到的是假冒伪劣的糖果，对你身体的伤害岂不比糖分带来的伤害更大？掺杂了虚假成分的糖分社交同样如此，一旦你的虚假被人揭穿，你给别人再多的糖，别人也会视为毒药。

所以，零糖社交最重要的配料就是真材实料，不虚伪，不掺假，不隐瞒，不揣摩，不算计。每一句话，每一个行为，每一个目的都是真实的、透明的、可以测量的。

零糖社交的配方的真诚，不但体现在信息的真实对等，更体现在目标的纯粹。不同于糖分社交充斥着复杂目的，零糖社交的目的都很单一。我和你交往，交易就是交易，交友就是交友，绝不会将二者混为一谈。这样的好处就是：交易不成，不影响交情；谈论交情的时候，会远离彼此的物质利益，让交情变得更干净、更稳固。

从更深沉的角度看，零糖社交配方的真诚感，就是一种去繁就简、真实纯粹，不需要刻意迎合或伪装的社交精神。这份配方照顾了我们内心的真实感受，让社交过程变得真实、平等且更有价值。

前文提到的篮球爱好者小刘，就对糖分社交聚会和零糖社交聚会二者的区别有着深刻的感悟。他上班的那个房地产公司，每个季度都会开展一次所谓的头脑风暴。老板亲自出马，将所有员工召集在公司的大会议室，让大家为企业的发展群策群力提意见。在参加过几次这样的头脑风暴之后，小刘便对此彻底失去了兴趣。因为在这个会议上，每个人提的建议都是浮于表面不痛不痒的，根本没有触及企业存在的真正问题和矛盾。每个人都害怕自己逞一时口舌之快不小心得罪了同事和领导。到了最后，头脑风暴就变成了下级对上级、管理层对老板的歌功颂德会。

对此，小刘无比失落地说道："有时我真希望这样的工作讨论会没有职务、身份、地位和财富的区分，每个人的观点和想法都能被尊重和采纳，没有一言堂，说真话不怕被打击报复。可惜，在职场中，这样的场合大多数都是面具舞会。"

但小刘和篮球队的队友们参加的私人聚会，则完全是另一种清新的画风。在这种没有利益诉求，只有共同兴趣和只是为了增加感情的聚

会中，每个人都可以畅所欲言，发表自己的看法，展示自己的喜恶。没有人批评你的见解有错。哪怕你和朋友之间出现了针锋相对的情况，一番激烈的辩论之后，也会在会意的笑容和真诚的握手之间赢得所有人的掌声。

饮食需要恢复原始的味蕾冲动，生活需要返璞归真，而零糖社交的配方上，首先应该标注的就是无添加：真诚、真实和纯粹。

02 低能耗维持：不迁就不依赖，不拉扯不算计

现代生活提倡节能环保。从节能电器到新能源车，越是节能的东西越能体现环保的价值。零糖社交作为一种健康的社交模式，同样需要在它的配方表上旗帜鲜明地标注"节能"的概念。

我们在前文反复探讨过，人们对糖分社交的一个最大诟病就是对个人能量的巨大消耗。这里的能量，自然包括物质、身体、精神和时间等方面的成本。由于糖分社交就是依靠高能量的糖分来维持人际关系的甜腻度。所以一旦缺乏糖分，就会寡淡无味，显得营养不良。殊不知，这种营养不良的始作俑者恰恰是高能量积累的营养过剩和消化不良。

如何调配零糖社交的节能配方呢？需要从三个方面找到节能元素，维持零糖社交的低能耗：第一，不要过度地依赖某个人或某一段关系；第二，不要过度地迁就某个人或某一段关系；第三，不要与某个人或某一段关系纠缠不清，变成一本糊涂账。

先来看零糖社交低能耗的第一个元素。正如前文所说，糖分社交的"讨好型"交往，很容易让我们对某个人或某一段关系产生一种依赖，慢慢蚕食我们的自信心。人作为一种社会性的群居动物，害怕孤独是一种天性。因为每个人的生命里都藏着一条孤独的暗河，每个人都有可能陷入孤立无援的时候。在我们无法忍受孤独时，都迫切想要找到一个可以共情的人。但需要记住的是，不管一个人可以和你产生多么强烈的共鸣，只有你自己才是摆脱人生孤独感的摆渡人。

虽说人类的悲欢都有相似之处，但每个人的悲欢各有不同。即便是你视为知己的朋友，他也不可能每时每刻都关注你内心的涟漪，随时和你共情。但反过来说，如果你每次失落的时候都想从别人那里得到慰藉，你不就成了别人内心想要摆脱的负担了吗？拿破仑曾经说过："人多不足以依赖，要生存只有靠自己！"所以在生活中，我们更应该做一个在暗夜中前行的孤勇者。

这是精神层面的高黏度的依附关系，这也是社交关系中最可怕的一种高能耗依附关系，它就像慢性毒药一样，将慢慢地侵蚀一个人的自我意识。

这种高能耗的依附关系表现在物质上，就是一个人做任何事情都要依附另外一个人的帮助。如果离开了这个人的支持，他就会感到畏惧、惶恐和不知所措，最终一事无成。这种依附关系更多地展现在职场中。它的危害虽然不如精神依附那么可怕，但就像急性感染一样，造成的不良后果更快更直接。

我曾在和一位高中同学喝茶闲聊时，听到了他的满腹抱怨。事情的原委是这样的：我的这位同学是某世界500强企业的一位中层管理者，负责公司高新技术方面的研发工作。三个月前他所在的部门新进了一个硕士研究生，一个"95后"美女，比他小15岁。因为这个新同事有些背景，出于对她的照顾，领导就安排我的同学做了她的师父。同学原本是一个热心肠的人，何况面对这么一个年轻的小美女，所以很乐意接受了这个

"美差"。

一开始的确是个美差。小美女对我的同学非常尊敬和热情，而且非常好学。所以我的同学对她倾囊相授。小美女每天一口一句"师父"挂在嘴边，让我同学听了也像吃了蜜一般甜。为了感谢师父的照顾，小美女不仅经常请我同学吃饭，每天还给他带各种零食、饮料。

但很快这种新鲜美好的感觉就消失了。因为我的同学发现，这个小美女依赖性非常强，在工作上没有丝毫主见，什么都要听我同学的意见。不仅如此，小美女还将我的同学当成了知心大叔，什么事情都要讲给他听，就连她来例假痛经这种非常隐私的事情也不例外。一个月后，小美女在情绪上的不稳定慢慢暴露出来。她的内心非常敏感，但凡一点不顺心的事情都会让她伤心不已。只要她一伤心，就会缠着我的同学倾诉。

就这样，我的同学经常在下班或周末被她缠着喝咖啡、逛街，为她排解各种莫名其妙的忧愁。

有好几次，小美女竟然半夜给他打电话，说她做了噩梦，想起了以前一些痛苦的经历，所以失眠了，想让我同学陪她聊天。同学的老婆纵然再贤惠宽容，对他再信任，在这种情况下也难免怀疑他和小美女的关系。不仅如此，他和小美女过于亲密的相处让公司内部也开始出现了一些流言蜚语。我的同学非常痛苦，屡次正告小美女，请她和自己保持合适的距离。谁知小美女听了竟然寻死觅活起来，哭着说道："我心里就是把你当成师父，一个最信任的人，难道这样也有错吗？"

望着这位焦头烂额的同学，我对他充满了深深的同情。我问道："你这位小美女徒弟是不是有恋父情结？或者有过依赖型人格障碍的心理疾病？"我的同学非常肯定地摇头，否认了我的猜测。但不管怎样，像小美女这般对我同学在精神和工作中的双重依附，已经属于社交关系中的严重高能耗了。

再来看零糖社交低能耗的第二个元素。过度地迁就某个人或某段关系，看似与过度地依赖某个人或某段关系没有区别，其实二者的区别还是很明显的。通常来说，在社交关系中，依赖某段关系的那个人属于被动的一方，而迁就某段关系的那个人属于主动的一方。还是用我同学和他徒弟的事情作为案例。站在小美女的立场，她表现的就是对我同学的被动依赖；而站在我同学的立场，他一开始对小美女的宽容就是主动的迁就。

在高能耗社交关系中，依赖和迁就的关系不是对立的，而是相互妥协造成的后果，二者的危害性是对等的。因为过度的迁就，就等于放纵，必然会造成另一方更得寸进尺的依附。在家庭教育中，家长对孩子的溺爱就是一种很真实的迁就。而溺爱最终导致的就是孩子失去独立性，变得低能和无理。这就好比两颗黏稠度非常强的糖果，在这种关系中最终粘在一起，"剪不断，理还乱"了。

所以，对低能耗的零糖社交来说，必须杜绝这种依附和迁就的关系。有社会学家曾经直言不讳地指出，在人际关系中，如果你总是一味迁就别人，别人就会变本加厉地为难你，就会得寸进尺地伤害你。事实也是如此，你遇到的所有"坏"人，你遭受的一切伤害，其实都是被你的"好"惯出来的。要知道，在社交关系中，如果你一味地想要做一个好人，你的好需要付出高昂的成本。这显然和零糖社交的减糖减压精神是背道而驰的。

零糖社交低能耗的第三个元素：不要与某个人或某段关系纠缠不清，最后变成了一本糊涂账。我们在前文中探讨过，高能耗的糖分社交就是物质利益的一种博弈关系。在这种情况下，当我们为某个人或某段关系付出很多却收效甚微时，我们的内心免不了失落，从而变得斤斤计较。当我们在失望后开始计算投资和收益的成本时，这笔账就算最精明的会计师也无法算清楚。因为高能耗的社交博弈本身就是一本糊涂账。

但在低能耗的零糖社交中，因为没有物质利益的捆绑，所以并不存在这笔糊涂账。因为零糖社交的初衷很明确，它不以获取某种利益为首要目的。在这里，没有付出和收益的期望，它就是人与人之间最简单最纯粹的一种交际，要么是为了共同的兴趣，要么就是为了单纯的交友。这段社交关系也许很长，也许就是一天或一两个小时。大家相处融洽时便继续，感觉不愉快便随时终止，不仅洒脱，而且自由。

找到了零糖社交低能耗的三个元素，我们就会感受到这种简单节能的社交关系的美好，就会更为向往。诚然，任何一段关系，不管是恋人、婚姻、友情还是合作伙伴之间的信任感，要想长期地维持，不是靠强烈的爱或沉重的付出提供的能量，而是依靠彼此之间减少攻击和对抗，减少索取或给予，不让彼此都觉得是强人所难。唯有如此，才能相处自然、轻松和愉快。

03 低期望交往：满足最基础的社交需求与情绪价值

杨绛有一句话是这样的："最终你会明白，折磨你的，不是任何人的绝情，而是自己一直心存幻想的期待。"听起来是不是感到非常残酷？现实就是如此，当你的期望越大，也许你遭遇的失望就会越多。

期望过高，也是心理学领域一个比较常见的术语。美国心理学家爱德华·托尔曼认为，所谓的行为动机就是期望实现某些想要获得的东西，或者想要逃避某些非常讨厌的东西。另一位德裔美籍社会心理学家库尔特·卢因则将我们的生活环境拥有的吸引力或排斥感的动力性质定义为效价。充满吸引力的效价就是正效价，充满排斥感的效价就是负效价。

在以上两种理论体系的基础上，美国心理学家弗洛姆在反复研究了激励过程中的各种变量因素之后，同时详细分析了激励力量的大小和个体因素的关系之后，提出了期望理论这种动机理论。而期望过高正是一种正效价。弗洛姆的这个理论，呈现的是我们每个人在预测某个特定行为达到特定结果的可能性时的一种主观认知，并非客观存在。虽然期望可以通过言语报告、实际选择的行动进行推测，但最后可能从正效价变成负效价。这就是我们常说的"期望有多高，失望就会有多大"。

有人会说，如果一个人连最起码的期望都丧失了，那他活着的意义在哪里？他前进的动力在哪里？于是在高能耗的糖分社交模式中，这种期望值就被堂而皇之地视为社交关系的一种正效价的目标。为了实现这个目标，我们就应该在社交关系中付出更多的物质成本、时间成本和精神成本。

只不过，期望作为一种主观预测，它的变数太多了。从唯物论的角度来讲，客观世界是不以人的意志为转移的。当我们抱着某种高期望全情投入一段社交关系中时，也是在冒一种风险。过高的期望会让人变得不理智甚至疯狂，而当惨淡的结果摆在我们面前时，又会令人在负效价的痛苦中难以自拔。

所以，如果我们还要为零糖社交寻找一个低能耗的配料，就有必要将"低期望"这个元素写进它的配料表中。请注意，低期望并不意味着

负效价。因为一旦我们在社交关系中降低了期望，哪怕最后没有实现，我们也处于负效价打击不了的安全区域。

怎样才是零糖社交的低期望交往呢？那就是：主动降低社交期望值，让每一段社交关系满足我们最基础的社交需求和情绪价值需求。

降低社交期望值，实则就是在为社交减糖减压。零糖社交提倡社交距离感，"没有期望，何来失望？"如同搭子社交奉行的兴趣联盟，有事大家一起干，没事立马就解散。又如同碎片社交提倡的随遇而安，不需要任何计划，不追求任何完美。所以，零糖社交就是一种轻量级的社交，抛弃了高期望带来的压力，无负担，更自由。

去年暑假，几个做心理咨询久未联系的同行老友突然约我一起自驾贵州。那段时间也是贵州旅游刚刚火起来的时节。因为我们几个都是女人，毕竟要自驾出行七八天。向来做事严谨的我便提出一起商量一份攻略，却遭到了她们几个的反对。其中的罗老师说道："我们这是一次说走就走的旅行，何必要拘泥于攻略这种繁文缛节的事情？"她们的意见反倒让我产生几分羞愧，于是我放弃了自己的想法。第二日，四个女人一台车，我们随便带了一些日常用品就从成都出发了。

谁想这一趟下来，因为没有攻略，我们的行程变得七零八落，不但走了很多冤枉路吃了不少苦头，还错过了最想去感受的村超决赛。虽然充满了很多遗憾，但我们玩得非常开心，其中的满足感和乐趣超过了任何一次旅游。回程的路上，我们都相互讨论，这次没有任何准备的自驾游，是否也算是一次搭子社交的尝试呢？很显然，我们都认同了这种看法。多亏了事先没有做攻略，没有对收获的期待，这反倒让我们感觉收获满满不虚此行。

由此我又想到了仓央嘉措的一句诗文："世间安得双全法，不负如来不负卿。"零糖社交的轻装上阵，不是让我们彻底卸下理想和期望，而是让我们在对期望的正效应有所图谋时，也要懂得"顺应天命""顺其自然"。既然我们不能完全把握一件事情的发展方向，不妨让我们坦然地去接受这个过程中的每个小意外或小惊喜。

所以，按照零糖社交低期望交际的法则，社交关系就是用来满足我们最基本的社交需求和情绪价值需求的。最基本的社交需求是什么？在我看来，就是人与人之间的日常平凡的交往。哪怕是村头的七大姑八大姨闲暇时聚在太阳底下，一边嗑瓜子，一边聊着东家长西家短，这也是一种最质朴简单的社交活动；哪怕是三五好友在某个周末围炉煮茶，一起八卦某个明星的最新绯闻，这也是一种最快乐惬意的社交活动；哪怕是几个互不认识的年轻人在登山时突然相遇，一起攀登到顶峰对着壮丽的日出相拥欢呼，这也是一种最惊喜有缘的社交活动。

什么是满足基本情绪价值需求的社交关系呢？比如有一天你被上司臭骂了一顿，或者失恋了，又或者你刚买的这期彩票和中奖号码就差了

两个数字，你一个人跑到酒吧喝酒解愁。这时突然有一个不认识的人走过来，想要和你拼桌。你欣然同意，你请他喝酒，或者他请你喝酒，或者你们各自买了酒放在一起喝。喝酒时你们可能彼此发着牢骚，一起哭，一起笑，也许你们只是碰杯，一句话也没有说。喝完酒，你们互不留电话，也不加微信，只是彼此道了一声"保重"，便歪歪倒倒地各回各家。就是这种萍水相逢的短暂相聚，也能满足我们日常的情绪价值需求。

梁启超曾说："自信者常沉着，而骄傲者常浮扬。"一个人越自信，就越会主动降低自己的期待。一个人越骄傲，就很容易变得好高骛远。零糖社交的低期待交往，其实就是一种降低期待的心理策略。只要我们调整对生活琐事和人际关系的期望，就能减少失望和焦虑，提升内心的幸福感。

20世纪80年代，心理学家尼尔·温斯坦（Neil Weinstein）曾经做了一个著名的实验。他以200名学生作为对象，对将来他们有可能发生的事情进行效价评估。结果显示，大部分学生认为诸如"将来可以拥有一套自己的房子""将来我可以变成一个富翁"等好运会眷顾他们，而像"我将来会得癌症""我将来会变得贫苦"这类坏事则会避开他们。这个实验再次证明了，人的内心都是想要趋利避害，或者说，人们总认为自己比其他人更幸运。

但事实上呢，有的人也许一生都在遭遇厄运，但因为他降低了对生活的期望值，在厄运的轮番打击之下突然发生了一件微不足道的幸运的事情，他反倒获得了从未有过的满足感。有的人一辈子顺风顺水，却突然遭遇了一个不小的挫折，便变得悲观失望，一蹶不振。

所以，要想在零糖社交中降低社交期望值，其实并非难事。我们只需要实事求是地评估自己的能力和环境条件，从而对结果的预期进行调整。比如一个人工作一直很努力，兢兢业业工作了多年之后，希望获得老板的赏识和提拔,为此他费尽心思接触老板和老板身边的人,但过了一段时间,似乎还是没有入老板的法眼。这时就必须调整自己的心态,降低升职加薪的期望,不再去钻营人际关系,而是开始专注提升自己的业务技能和团队合作的素养,最终却获得了老板的认可,圆了升职的梦想。

  最后,在为零糖社交低能耗元素贴上低预期标签时,请牢记以下几点应用法则:第一,敢于接受自己的不完美,正视社交关系中的不确定性,不要一味追求完美的结果;第二,学会享受社交的过程而不是关注结果,让自己的注意力从期待中的结果转移到过程中,享受社交过程中的乐趣和成长;第三,随时保持积极乐观的心态,善于从社交关系中的不利的事情中找到积极的因素,并用它来安慰自我,凝聚轻装上阵、快乐社交的灵感和力量。

04 保持距离:"远香近臭"是永远的真理

奥地利精神病学家阿尔弗雷德·阿德勒曾提出了著名的"课题分离论":一切人际关系的矛盾都起因于对别人课题的横加干涉或自己的课题被别人肆意干涉。这个理论,其实就是将每个人置于平等视角之下推动我们面对自己责任的勇气。正如阿德勒说过的一句话:"人的所有烦恼,皆来自人际关系。"要想摆脱人际关系的烦恼,我们就必须坚持这个原则:不去干涉别人的课题,也不能让别人干涉自己的课题。只有坚守住自己的课题,才能保持独立的自我;只有尊重别人的课题,才能建立平等的人际关系。

阿德勒的"课题分离论"为零糖社交一个重要的特征"保持社交距离,重塑个体边界"做了很好的理论阐释。距离才能产生美,又如同岸见一郎在《被讨厌的勇气》一书中所言:"为了满足别人的期望而活以及把自己的人生托付给其他人,这是一种对自己撒谎也不断对身边人撒谎的生活方式。"

在糖分社交关系中,最模糊的其实就是人与人关系之间的这条边界。

我们需要正视几种关系模糊的情况：第一，如同上文所言，一个人对另一个人的过度依赖或过度迁就，这种状态是最常见的。在这种状态下，所谓的人际关系边界已经荡然无存了。第二，一段社交关系因为多人纠缠变得一团乱麻，这种状态下的边界虽然存在，但很难厘清。第三，两个人虽然保持着清晰的边界，却处于强弱分明不对等的态势。

不管哪种情况，一旦社交关系中的人际关系边界变得模糊，就会形成这样的认知：我的事情就是你的事情，所以我的问题就应该交给你来解决。如果这种错位的认知长期存在，就会导致我们在面对问题时，总是习惯将罪责推给别人，或者以强者的身份包揽一切责任。

举例来说，假如小甲是小乙的下级，两人私交甚笃。某一次两人共同负责的一个项目出了问题，对公司造成了重大损失，公司开始追责。在第一种情况下，小甲对小乙是依赖关系，小乙对小甲是迁就关系。这时小甲完全可以把所有责任都推给小乙："所有决定都是你拍板，我什么都听你的，现在项目出现问题你就应该承担责任！"小乙听了，立即针锋相对："凭什么让我来承担责任？都是因为我太放纵你了，我最多承担失察之责！"

在第二种情况下，小甲和小乙在执行这个项目时，小乙另外一个关系好的同事也想来分一杯羹，于是小乙让他参与了进来。现在争论已经从两人升级到三人。而第三个人完全可以照搬小乙的说辞："我只是来配合你们的，我最多承担连带责任！"

如果是第三种情况，这时小甲作为弱势的一方，肯定不会"背锅"。反倒是小乙作为强势的一方，为了显示自己的大度，有可能会毫不犹豫地将责任一肩扛了。但小甲就真的没有任何责任吗？很显然不可能。

于是，糖分社交关系个人边界的缺失，就会导致类似的事情不断发生。不但人际关系在一次次的摩擦中出现动摇，而且让企业丧失了公平

追责的原则和机会。

如果我们把亲子关系也视为一种社交关系，那么就能为这样的现象找到原因了：为什么现在的家长在辅导孩子写作业时总会弄得鸡飞狗跳？写作业本来就是属于孩子的课题，但家长非要仗着自己的权威指使孩子该如何去做。这势必引起孩子的反感，出现"不写作业母慈子孝，一写作业鸡飞狗跳"的"惨烈"场景。

那么，这是否意味着在亲子关系中父母就不应该辅导孩子的功课，对孩子放任自流？当然不是。这时父母应该放下强势的一面，和孩子进行平等的沟通，必须告诉孩子："现在你的主要任务就是学习。如果你不认真学习的话，将来很可能面临吃不完的苦。"

所以，零糖社交的健康配方，我们必须毫不犹豫地加入"保持距离"这个元素。保持合理的社交距离，就是为社交减糖，降低人际关系的甜腻度。一旦人与人之间的边界得到了确认，就明确了个体的自我中心地位，就会减少对某个人或某段关系的依赖或迁就，不管是两性亲密关系、朋友情谊还是职场交情，都能获得比较平衡、亲疏合理的距离感。而这种距离产生的美，既能让对方觉得舒服，又可以让私人空间有了立足之地，是一种睿智成熟的处世法则。

比如在两性亲密关系中，这种合理的距离感能够带给彼此相对的独立性和自主性，让两个人形离而神不离。无论是恋爱还是婚姻，男女之间的黏合力固然非常重要，但如果两个人每天贴得太近也可能会让关系变得窒息。就像严冬的野外，两只刺猬为了抱团取暖想要搂在一起，它们搂得越紧，伤对方就会越深。而合理的距离能够留给彼此更多的时间和精力，用来发展各自的爱好兴趣，丰富各自的生活，还能为彼此增添新鲜感。所谓"小别胜新婚"，说的就是距离感激发的新鲜感。

朋友之间，更要保持一定的距离。关系再好的朋友，难免都有意见不合的时候。如果两个朋友每天真的穿一条连裆裤，稍起争执就会将裤裆扯裂。所以，友谊过于亲密形成的那道无形压力就像一把悬空的利剑，让朋友之交始终笼罩在一股阴影之中。和朋友保持适当的距离，便能规避由于过度依赖带来的负担，让友谊长时间保质保鲜。

职场交往，合适的距离感对于提高团队协作能力和工作效率更为重要。我们都知道，在同一个部门之中，如果两个人关系过于亲密，尤其是上下级关系，就会影响工作纪律和专业性。合理的距离感不仅可以让工作关系变得清晰，不会让个人情感干扰工作，同时还会留给同事必要的个人空间来休息和调整状态。

从人的身体需求角度讲，人与人之间也必须保持合理的空间距离。每个人都需要一个自我空间，这个空间就像一个没有颜色的气泡，罩住了专属于自己的"根据地"。一旦有人试图捅破这个气泡入侵这片私人领地，就会让人感到不舒服、危险，甚至愤怒。

曾经有一位心理学家做了一个令人深思的实验。在一个空旷的图书室里，里面只有一位读者在看书。这位心理学家走进去，故意搬了一把椅子坐在读者的旁边。心理学家将这个实验在不同的 80 个人身上分别进行了一次，结果表明，没有任何一个被试者可以容忍一个陌生人坐在自己身旁。

当然，零糖社交要求我们保持距离，绝不是一味地冷漠疏远，而是建立一种既亲密又充满独立性和相互尊重的亲密关系。那么，这段距离到底要有多远才合适呢？美国人类学家爱德华·霍尔博士根据人的个体空间需求为人际关系划分了四种距离，即公共距离、社交距离、个人距离和亲密距离。

霍尔博士划定的公共距离范围约为 3.7 米—7.6 米，这种距离通常只适合演讲者与听众这种相互非常生硬的交流及一些非正式的场景。当我们在参加商务聚会时，可以根据自己想要结交的对象去选择和保持合

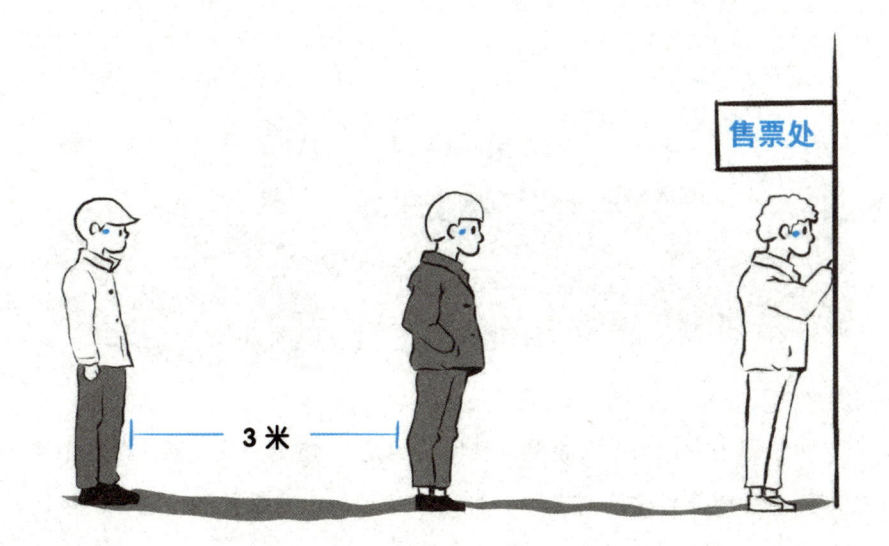

适的距离。因为公众场合是一个完全开放的空间，你只需要与对自己感兴趣的人拉近距离，对其他人完全可以视而不见。所以，国外竞选时候选者在广场上发表演讲之后，往往会走下讲台，与就近的听众握手互动。这也说明，只有两个人的距离缩短到个人距离或社交距离时，沟通才是有效的。

来看霍尔博士划定的社交距离。这个距离大约是 1.2 米—3.7 米，这个长度正好是一张办公桌的长度。在一般的社交场合中，人们保持这种距离进行交流，就可以和一些交情不深的人进行礼节性的问候。当社交距离缩短为 1.2 米—2.1 米时，这就是在工作环境和社交聚会上每个人保持的合理距离。比如某一次商务座谈会，因为会议安排人员出现疏漏，在两个并列的单人沙发之间没有摆放可以让距离拉开的茶几，结果客人一直都尽量后仰，背靠沙发外侧的扶手，感受极为不适。由此可见，不同的场景、不同的关系需要的人际距离也是不同的。

霍尔博士划定的个人距离，长度大约是 0.45 米—1.2 米，在这个距离刚好伸手就能触碰到对方，尽管大家认识，但关系并不特别。所以，

这是在两个人闲聊时常有的距离。但如果个人距离的范围在 0.45 米—0.76 米，两个人刚好可以相互握手拥抱，进行更加亲切的交谈了，这就是熟人交往的距离。如果一个陌生人这时介入这个距离，对别人来说就是一种很不礼貌的冒犯。当个人距离范围处于 0.76 米—1.2 米时，所有朋友和熟人都能在这个空间自由出入。

霍尔博士划定的亲密距离是人际交往间隔最小，或者几乎没有什么间隔的空间，用我们熟知的一个成语形容即为"亲密无间"。它的范围在 15 厘米以内，在这个空间两个人可以做到肌肤相亲、耳鬓厮磨，可以清晰地嗅到彼此的体温和气味。亲密距离的另一个范围大约是 15 厘米—44 厘米，这个距离虽然做不到肌肤相亲，但仍能执手慢行，或者促膝而谈，展现亲密友好的人际关系，所以这个距离是属于亲人、挚友、情侣或夫妻的。

在社交关系中，如果一个不在你的亲密圈子之中的人却突然闯进了这个空间，不管他是有意或无意，都是一种不礼貌的行为，势必引起你的不安和反感。比如当我们在挤地铁或公交车时，因为车厢太拥挤了，我们的亲密距离就会经常被侵犯。在这种情况下，我们只能尽量在心理层面捍卫自己的空间距离。在某些西方国家，当人们乘坐电梯或公共汽车遇到拥挤的情况时，必须遵守一种不成文的规则：不能与任何人讲话，哪怕面前是你认识的人；眼神必须一直避免和其他人的眼神接触；面部禁止带有任何表情；身体不能随意动弹等等。

不难发现，人与人之间必须要保持距离感和空间感才会让每种关系都变得融洽。当然，这只是物理空间的距离。零糖社交倡导的距离更为多元化，除了社交的空间距离，还包括时间距离、沟通的话语分寸、互动时的动作等等。不管这个距离属于哪个维度，既然它在社交关系中已经被划定，我们就必须遵守。所谓"远香近臭"就是这个道理。

05 恰当的孤独：生活的独立与思想的特立独行

选择零糖社交，就意味着你必须远离喧嚣繁华的名利场，从曾经的C位退隐到一个无人知晓的角落。就像一幕华丽的舞台剧闭幕的时候，别人都在等着再次登场的机会，你却迫不及待地卸妆离开。

孤独，是零糖社交健康配方中最后一个元素，也是最难以克服和忍受的一个元素。可以说，如果人类有什么相似的痛苦，孤独就是其中最相似的一种煎熬。古希腊哲学家伊壁鸠鲁这样描绘孤独："被迫置身于人群的时候，往往是最应该自守孤独的时候。"他的观点是不是很出奇？越是在繁华的闹市，越要保持内心的孤独。这和中国古代的先贤们"大隐隐于市，小隐隐于林"有着异曲同工之妙。对此，日本哲学家三木清也颇为赞同，说道："孤独不是在山上而是在街上，不是在一个人里而是在许多人中间。"

在心理学领域，孤独心理专门指一种孤单寂寞的心态。它的表现为十分渴望与人交往，很少对别人产生厌烦和戒备心理，人际交往时一贯如此，不会因为做作而感到不适。所以，孤独感是一种十分重要的心理保护机制。每当我们产生孤独情绪的时候，就会意识到自己应该做一些事情来排解这种情绪了，比如对自己的社会关系、社会情感和社会网络进行必要的联系和维护。

在糖分社交中，很多人就是因为害怕孤独，想要摆脱孤独，才会全情投入社交行为中。这种人沉醉于高糖社交的甜腻中，似乎只有这种黏腻的甜味才真正能让他们摆脱孤独，获得满足感。殊不知，繁华散尽之时，就是落寞升起的时刻，当他们从灯红酒绿的社交场回到冷清的个人空间时，两种环境形成的反差将会更强烈，内心被压抑了一天的孤独感就会像洪水猛兽一样奔腾而出，将人吞噬在无边的黑暗中。人将在孤独与恐惧中难以入睡，痛苦地等到天亮，然后又像一个吸毒的瘾君子，迫不及待投入新一轮的社交狂欢中。如此周而复始，构成了一个恶性循环的漩涡，迟早有一天会将人的自我意识彻底吞噬。

所以，对一个孤独的人来说，想要在繁华的人群中得到治愈，是非常困难的。即便是高糖量的社交关系，也不能填补他们内心的寂寞。所以很多人在精疲力竭之后主动退出了这种不健康的人际交往，选择了一种更平和又或许是最有效的治疗方式——一个人独处，让孤独自愈。换言之，就是改变对孤独的看法，从惧怕孤独到享受孤独。或许一个人只有在孤独的时候，才会变得安静和冷静，才能触及自己的灵魂，真正地审视自己究竟需要什么。

事实上，孤独并非一种可怕和消极的情感状态。从古到今，很多伟大的思想或巨著都是从孤独中激发的灵感。马尔克斯的《百年孤独》中有这么一段对孤独的描述："生命中所有的灿烂，终将用寂寞来偿还。人生终将是一场单人旅行。一个人的成熟，不是你多么善于交际，而是学会与孤独和平相处。孤独前可能是长夜般的迷茫，孤独后便是曙光中的成长。"所以在马尔克斯看来，孤独就是一种顶级享受，只有孤独才是永恒的。也许他的《百年孤独》呈现的那种漫长的历史孤独感，就是马尔克斯本人在享受孤独时产生的共鸣。

当零糖社交鼓励我们远离繁花似锦的社交舞台，学会一个人于静处感受孤独时，它已经为所有追求零糖人际交往、重塑自我的人点亮了一盏明灯。前文讨论过，在旧式的高糖社交中，最可怕的不是我们付出了很多或者收获很少，而是我们在这种高能耗的交往中丢失了自我。所以，在我看来，一个迷失自我的人，其实是没法感受孤独的，他能感受的更多是一种空虚。而空虚和孤独是两种完全不同的精神境界。孤独的人在任何时候都能触碰到自己，空虚的人目光是空洞的，眼睛里看不到任何东西，包括自己。

叔本华说："只有当一个人独处的时候，他才可以完全成为自己。谁要是不爱独处，那他也就是不热爱自由，因为只有当一个人独处的时

候,他才是自由的。"可以想象,当我们接受了零糖社交之后,我们有了更多一个人独处的时间。或者是一个周末的午后,阳光正好,在家里沏一壶茶,或泡一杯咖啡,或躲在某个小书馆的角落翻着书,懒懒地坐一下午,这时的孤独是懒散的、自由的、愉悦的。或者是一个安静的夜晚,一个人在家,窝在床上,卧室里亮着一盏台灯,窗户外夜色深沉。就在这种无边的寂静中,我们开始与孤独对话,让孤独来帮助我们审视自己的内心。这时的孤独是凝重的,充满思想的,闪烁着无穷智慧的。

名利场上的无效社交,不如高质量的独处。这就是零糖社交享受孤独带给我们的最智慧的启迪。与其在社交关系中为了迎合别人的喜好而假装,活成自己不喜欢的模样,说着有违良心的甜言蜜语,献着虚情假意的殷勤,最终只会浪费自己的金钱、时间和精神,落得竹篮打水一场空,不如与孤独为伍,在与孤独的碰撞中升华自己的思想和精神。

小周是我熟悉的年轻画家中最有才华、性格也最为放荡不羁的一位。早在五年前,刚刚从美术学院毕业的他就已经在圈内小有名气。这几年,他为了进阶更高的圈层,在社交方面消耗了太多的时间和精力,导致他根本没有灵感和空闲创作新的作品。虽然小周的父母有一些人脉关系,但小周向往的圈层是一个鲜为人知却又等级森严的群体。纵使他拼命往里面挤,为此甚至收敛了自己的狂妄个性,但最终还是功亏一篑,没能挤进那个群体。

在白白浪费几年美好宝贵的光阴之后,小周非常后悔,他突然意识到,那个圈子除了能带给他一些虚无的名利,根本不会对他的创作带来任何帮助。作为一个画家,创作才是他的生命。就这样,小周彻底退出了那个圈子。他让父亲在青城山后山给自己买了一座小院,并把那里变成了自己的工作室。

不久前,我去都江堰参加一场学术交流活动,顺道去探望了一下这

位比我小 10 多岁的朋友。他现在的状态让我羡慕不已。一个人住在一座清幽的小院里，小院前面是一片葱郁的竹林，后面是一片茂密的山林，空气新鲜得就像是在甘泉中浸泡过一般。

小周说，他现在基本不见客，每天除了创作就是喝茶看书，一个人听风品雨，享受心底那份难得的孤独。"孤独带给我很多灵感，让我重新迎来了创作的激情！"我有幸率先目睹了他刚刚完成的画作，这些油画的风格虽然比较抽象，但充满了积极向上的精神，绝没有释放半点失落的情绪。

虽说远离了主流画坛好几年，但小周还是拥有不少粉丝。他的小红书和抖音号的粉丝都超过了 20 万。一些忠实的粉丝听说他又开始作画了，都非常开心，想要来青城山探望他，但都被他拒绝了。还有更热心的粉丝在积极地为他筹划"饭圈文化"的活动，也被他婉拒了。小周说，他好不容易从一个虚伪的上流圈层脱身出来，现在再也不愿接触那种流光掠影般的人际关系了。纵然是粉丝给他组织的"饭圈"，他也失去了兴趣。

看着年轻的小周表现出的这种少年老成，就像已经在岁月沧桑中沉淀了多年。唯一可以肯定的是，他的创作激情才刚刚被激活。在一个人独处时，他获得了孤独的美好力量。

如果放眼浩瀚宇宙，其中的每一颗星球，包括地球在内，渺小得如同一粒尘埃。假设地球在孤独地自转，它的孤独在宇宙面前连沧海一粟都谈不上，更别提地球上的每个人内心的孤独，基本就可以直接忽略。

但那只是站在别人的视角对我们自己孤独的一种藐视。如果我们喜欢孤独，崇尚孤独，我们一样可以将内心的孤独放置在宇宙之中，此刻，我们的孤独就会拥有宇宙一样博大的胸怀和深远的意义。所以，真正的孤独是可以被无限放大的，而被放大后的孤独不会给我们带来痛苦，只会给我们带来更多的灵感，帮助我们驱散内心的迷茫，更完整、更清楚地认识自我。

从这个意义上总结，零糖社交下的恰当孤独，就是一种生活的独立与思想的特立独行。每一个睿智的人，最终都会回归到这条孤独的路上，开始重返自我的旅程。

第四章

减糖社交
行为建议书

> 朋友圈断舍离,形同壮士刮骨疗伤、断腕求生,将不良的人际关系清理出你的朋友圈层,就是减糖社交追求零糖的第一步。

01 朋友圈断舍离

在上一章，我们一起寻找到了零糖社交的标准配料表，为零糖社交确定了真正的标准。我们可以把这个标准配料表视为零糖社交的标准。在今后检验一种社交模式是否属于零糖社交时，只要按照这个标准一一对照即可。

既然我们已经清楚了零糖社交的元素成分，那么如何才能从糖分社交中抽身，逐渐成为一个真正的零糖社交达人呢？

在本章，我们将围绕社交关系中如何从减糖到零糖的主题，为践行零糖社交提供一些策略和方法。和饮食减糖一样，社交减糖注定是一个漫长痛苦的过程，需要我们以顽强的信念来支撑。毋庸置疑，对一个习惯了糖分社交的人来说，在减糖社交行为的初期，必将面临着诸多不适应的地方。比如，真的要和自己耗费多年好不容易建立起来的朋友圈一刀两断吗？如果还想继续维持其中有用的关系，又该怎么办呢？

现在流行的一种成功论，即人脉圈是我们这个时代最宝贵的资源，一个坚实的朋友圈就是成功的基石。这个观点对吗？我们当然不能否认它的正确性。因为我们所处的本就是一个越来越开放，却又对行业的划分越来越精细的时代。在这个时代，很少有人可以依靠自己的匹夫之勇单打独斗取得成功，我们需要整合人脉圈的资源。有句老话："朋友多了路好走！"这句话放在今天这个合作共赢的社会，比任何时代都更符合它的意义。

子曰："益者三友，损者三友。友直，友谅，友多闻，益矣。友便辟，友善柔，友便佞，损矣。"孔子的意思是说，对我们有益的朋友有三类，对我们有害的朋友也有三类。如果和正直的人交朋友，与诚信的人交朋友，与知识渊博的人交朋友，对我们的人生就会带来帮助。但如果与谄媚逢迎的人交朋友，与表面奉承而背后诽谤的人交朋友，与巧舌如簧的人交朋友，那就是非常有害的。

孔子这段对朋友的看法充满了智慧。所以，当我们决定开始减糖社交的时候，并非要和过去的朋友圈彻底了断，而是要有一种"断舍离"的勇气和睿智。就算是在糖分社交中结识的朋友，其中肯定不乏正直的人、真诚的人、值得自己学习的人，可能会对以后的人生带来帮助的人。他们就像是糖分社交场这个糖锅里的一股清流，值得自己今后花时间去维护好与他们的情谊。

那么，里面又有哪些朋友是必须迅速舍弃的呢？我将这部分可以放弃的朋友分成了五类：功利型朋友、讨好型朋友、谄媚型朋友、自大型朋友和消极型朋友。凡此五种朋友，你一定要快刀斩乱麻地将他们当成不良糖分减掉，不让他们继续腐蚀你的身体和心灵。

何为功利型朋友？即凡事都喜欢斤斤计较，看重得失，个人利益高于朋友情谊和其他利益。这里我们有必要为功利主义者进行定义。所谓的功利主义者主张以结果作为导向，以最大程度地增加人类的总体福祉作为目标。换言之，他们的行为和决策都是以结果和效益作为基础。在某些情况下，功利主义思维方式是积极的，是值得倡导的。因为它能够让我们的决策更明智。但是，假如这种思维方式渗透到日常生活的各个方面，甚至对人际关系造成了影响，我们就需要警惕了。

所以，如果你在糖分社交时建立的人脉圈中有功利主义思想的朋友，你必须重新审视自己和他的关系。怎么做呢？

第一，请反问一下你自己，你的价值观和功利主义者的价值观是不是在同一条线上？如果二者存在严重的分歧，那么这段友谊继续下去就会给彼此带来更多的苦恼和困惑。这时，慢慢疏远这位功利型的朋友，不失为一个明智的选择。

如果你认为自己可以在尊重对方价值观的前提下让这段友谊继续，此时你就要学会如何与功利主义者融洽相处。你需要理解对方的思维和行为模式，以便在沟通上不会出现障碍。同时，你还要将你的想法和感受明确表达出来，看看对方如何对待你的立场。如果这两点都没问题，接下来你要做的就是寻找两种价值观之间的共同点，让你们的友谊越来越深厚。

通常来说，怀有功利主义思想的朋友，他们与你谈论更多的是利益，而并非感情。他们是十足的利己主义者，感情在利益面前不值一提。与这样的朋友长期相处，会让你感到世态炎凉。因此，功利型的人脉资源很难有真正长期维持的友谊。将这样的人脉资源从你的朋友圈中去除，无疑会让你更轻松。

与功利型的朋友相比，讨好型的朋友似乎更深得你的内心，让你感到愉快和满足。他们懂得察言观色，投你所好，是你心情最好的按摩器。但是正如前文所言，这种讨好型人格的朋友，很容易让人际关系产生高黏度的依附关系，让人迷失自我。他们就像一群追逐花粉的蝴蝶围绕在你的身边，虽然不贪图物质利益，只想获取精神上的享受，但就其本质而言，这同样是一种给予和被给予的关系。一旦这种关系的平衡被打破，友谊的小船说翻就翻。

　　一般而言，如果你身边围绕着许多讨好型的朋友，这就意味着你是一个非常强势的人，习惯了被人众星捧月地团宠，忠于你的意志，不轻易妥协自己的观点。在这种情况下，那些处于弱势，习惯了看你脸色说话做事的"乖乖友"就不敢轻易表达自己的想法。假如这时你的想法或行为是错误的，你又处于当局者迷的状态，他们即便作为旁观者看到你的错误，也不会给你指出来，而是顺从你的想法，甚至还会巧言令色地让你进一步偏离事情的真相，在错误的泥潭越陷越深。

　　在心理学领域，讨好型人格又被称为取悦型人格。正如我们前文所探讨的，讨好型人格是一种病态的心理特征。能够及早地摆脱这种关系，对双方都是一种积极健康的选择。当然，如果你实在不愿意割舍这份情缘，也可以采取另一种方式降低你与讨好型朋友的"甜腻度"，那就是以你的勇气和智慧去改变他们，让他们从依附别人的状态中摆脱，变得更独立、自信和自我。

如何做呢？首先，试着去理解他们的心态而不是一味地沉溺于他们为你营造的虚荣心中。讨好型人格的朋友经常因为在乎别人的看法而总是过高地苛求自己，总会勉为其难地做一些力所不及的事情，一旦没有达到他们预设的目标，就会变得沮丧、消沉甚至自暴自弃。这时你可以发挥他们对你的信任优势，帮助他们认清现实，认清自己的定位。多给予他们关心和认可，让他们更为自信地面对生活。

其次，鼓励他们勇于表达自己的想法和观点，让他们有勇气有机会说真话和心里话。当然，要想做到这一点是很不容易的。因为长期被讨好型朋友宠着的你听惯了顺耳的甜言蜜语。如果你的胸襟不够宽广，就很难放弃这种优越感，去倾听讨好型朋友内心最真实的想法。如果你真的做到了这些，不仅可以帮助他们建立更健康的人际关系，也会让你的内心享受无糖化的轻松自然。

再次，对于他们的付出多一些肯定，多一些回报。要知道，很多讨好型朋友在你面前的付出都是"无私"的，他们原本没有想过得到你物质方面的回报，更多是希望获得一种稳定的精神依附关系。但如果你对他们的每一分努力都抱有足够的重视，对他们每一次付出都表达尊重甚至给予相应的回报，就能够慢慢培养他们的自尊心。

最后，你要保持足够的耐心，帮助他们重塑自我价值观。我们已然清楚，讨好型人格最大的问题就是自我价值观模糊，对自己缺乏清晰的定位。如果你足够了解他们的秉性和特长，在其人生进阶的关键时刻起到启迪或督导作用，那么恭喜你，你已经从他们依附的对象蜕变成了他们真正意义上的人生导师。此时你收获的不只是一份零糖状态下的健康友谊，更是一份让你的自我价值得以升华的人生福祉。

所以，当你面对身边这些讨好型朋友时，如果你做不到以上四点，通过你的努力去改变他们，重塑他们的自信和独立人格，让你们的关系变得平等，那就趁早割舍吧。哪怕你身边突然少了他们，变得冷清寂寥，你也必须忍受这种减糖的无味和痛苦。

谄媚型朋友和讨好型朋友有很多相似之处，但显然他们比讨好型朋友的危害大得多。讨好型朋友的出发点是"无公害"的，他们纯粹是希望在极度不自信的情况下找到一棵可以依靠缠绕的精神大树。因此它给人际关系造成的危害都是被动客观的。

但谄媚型朋友不一样，他们讨好你是出于一种利益驱使，希望通过你达成某种目标。他们都是口蜜腹剑的小人，抛给你的都是有毒的糖衣炮弹。他们的话即便再动听，行为即便再深得你心，也只是让你蒙蔽自我，失去判断力。古人说得好："近君子，远小人！"当你看清一个人谄媚的本质时，你只有快刀斩乱麻地终止这段人际关系，才能免受其害。请记住巴尔扎克的这番教诲："谄媚从来不会出自伟大的心灵，而是小人的伎俩，他们卑躬屈膝，把自己尽可能地缩小，以便钻进他们趋附之人的生活核心！"

再来看自大型朋友的表现和危害。这种人我们早已屡见不鲜了。他们总是固执己见，无论对错，都不容别人置疑。他们总是希望别人按照自己的预期做事，一旦有人违背他们的意图，他们就会变得非常强势。他们与讨好型人格完全是两种极端。和这样的人相处，会让我们感到被动和无奈，如果和他们成为同事或合伙人，就会更加痛苦了。面对他们的一意孤行和感情用事，你们合作成功的概率又会有多大呢？

心理学家阿德勒将自大型人格视为一种优越情结的过度彰显。实际上，这种优越感表现出来的是一种假象，目的是掩饰自卑的心理。对自

大的人而言，他们希望通过完全的自我肯定过度补偿内心的无价值体验和自卑情结。一旦他们的言行获得别人的完全认可，他们就会远离真实的自卑，变得膨胀。若是他们的意愿稍微被否定，就如同一块华丽的遮羞布被撕开一个口子，让他们直视自己自卑脆弱的一面，因而才会变得无比愤怒。

稻盛和夫说："一个人一旦自视甚高，妄自尊大，便会目中无人，终将祸端骤起，伤人伤己。"所以，如果你的朋友圈出现了狂妄自大的人，你既不想每天生活在他自以为是的阴霾里，又没有过多的精力去磨灭他们嚣张的气焰，那就只有敬而远之这个途径。

最后来看消极类型的朋友。毫无疑问,这种人就是自大类型的反面。消极情绪,在心理学语境中就是一种典型的垃圾情绪,满满的负能量。还记得鲁迅先生笔下那个每天满嘴牢骚的祥林嫂吧。事实上,在我们身边的"祥林嫂"比比皆是。但凡遇到丝毫不如意的事情,他们就会絮絮叨叨喋喋不休地怨天尤人。他们经常给别人泼冷水,似乎每天面对的都是世界末日。这种负能量不仅会令他们自己意志消沉,一旦扩散,还会影响别人的情绪。

没有一帆风顺的人生,每个人都会遭遇逆境。如果你总是抱怨命运的不公平,何不索性改变命运呢?当你的朋友圈总是被这些消极的负能量消耗时,请不要再迟疑,果断地割舍吧。良好的朋友圈氛围,舒适的人际关系,可以治愈你;糟糕的朋友圈氛围,情绪总是消极负面的人,只会成为吞噬你能量的黑洞。

朋友圈断舍离,形同壮士刮骨疗伤、断腕求生,将不良的人际关系清理出你的朋友圈层,就是减糖社交追求零糖的第一步。

02 自我成长"放题"

何为"放题"？它原本是日语中的餐饮模式，即"自由地、不受限制地用餐"，简单地说就是一种"自助餐"消费。在这种模式下消费，只要我们支付了固定费用后，就可以在规定的时间期限内没有限量地享受餐厅提供的食物和酒水了。这种起源于日本的放题餐饮，有别于传统的自助餐文化，服务水平和个性化体验更好，因此在亚洲很多地区都受到了追捧。比如在中国香港、澳门等城市就有许多时尚高端的放题餐厅。

不难看出，放题实则是一种追崇自由、释放个性的文化潮流，它不仅体现在餐饮方面，还能灌输到一个人成长的方方面面。比如你喜欢什么音乐，爱好什么电影，追崇什么旅游方式等等，皆要遵循你内心所想，而不必受制于传统或固有的社会成见。照此理解，大家是不是已经意识到，我们倡导的零糖社交其实就是放题文化宣扬的释放自我的精神。

所以，我们打开零糖社交正确方式的第二步便是：让自我成长放题。这便是本节我们要一起探讨的关键内容。

在开始这个话题前，我想陈述一个发生在我身边的一个真实故事。

故事的男主角小亮，是我一位师兄的乘龙快婿。两周前我刚刚参加了他和我师兄女儿的婚礼。那是一场非常新颖却又出奇浪漫，充满高科技含量的婚礼。在短短半小时的仪式中，这对年轻人用一种5D数字蒙太奇的方式让所有嘉宾身临其境地重温了他们从邂逅到相爱的全过程，所有的唯美的照片和生动的视频都出自小亮的手笔。

小亮毕业于一所知名的"985"重点大学，原本的工作是一位电脑程序员。在认识我师兄的女儿前，他每天的工作和生活就像他的职业一样井然有序，却又枯燥乏味。虽然他领着高薪，但这种机械化的标准人生还是让他备感失落。每天他都深陷一个个代码的世界中，想要通过编程来解决一切问题。随着时间的推移，他感觉自己已经变成了一个个无穷无尽的代码，甚至就连闲暇时间也被代码占据。他不禁开始质疑自己的人生，这些真的是他想要的吗？

有一天，小亮无意中在小红书上看到了一篇文章，这是一篇关于一个人如何自我成长的"心灵鸡汤"。很显然，这份"鸡汤"对小亮来说并没有毒，而是一扇开启了他另一种生活方式的明窗。这篇文章说，一个人若是想要获得真正意义的成长，就只有勇敢地与自己的内心对话，问问自己：你到底喜欢什么？什么事情才是你最感兴趣的？当你决定做一件感兴趣的事情时，你又如何规避

环境的限制和世俗的偏见？

　　这篇文章让小亮醍醐灌顶，彻底摧毁了程序码在他大脑中布局的严密而封闭的自我意识堡垒。他开始接触各种新鲜的事物，比如音乐、摄影、旅游等。在一段时间的尝试之后，他对摄影的兴趣越来越浓烈。他开始学习专业摄影，购买各种摄影装备，利用所有假期旅行、摄影。他如同焕发新生，不再感到空虚无聊。

　　然而，小亮的这些尝试在公司领导和同事看来就是离经叛道，他因此被领导批评，被同事嘲笑，甚至失去了升职的良机。但小亮并不在乎别人对他的评价，依然我行我素。两年前的国庆节，他还多请了半个月的假期，独自自驾去了他梦想了很多年的西藏。也就是在这次旅行摄影中，他邂逅了我师兄的女儿，给她拍了一组非常迷人的旅途写真照。在征得这位美女同意之后，小亮将她的照片发表到国内一家著名的摄影网站，没想到竟然引起了摄影迷们的强烈反响。小亮也因此赚足了人气。

没过多久，小亮就收到了一家摄影机构的高薪聘书。他欣然辞去了程序员的工作，成为一名职业摄影师。好事成双，这时，他又成功地追求到了我师兄的女儿。这对情侣有着多方面的共同兴趣。不用说，在热恋的那两年里，他们一起游遍了很多地方，而女朋友自然成为小亮镜头中最美的模特儿。

现在，小亮已经在摄影圈久负盛名，结婚前他自己的摄影机构已经开业。在这场梦幻般的婚礼上，小亮如是描述了他的成功和幸福："我的成功和幸福在别人眼里也许不值一提，但它们让我的内心得到了满足。"

在糖分社交形成的成长环境中，我们的每一个决定，事无巨细，或多或少都会受到别人态度的影响。我们往往为了顾全所谓的"大局"，或要平衡各种关系，不得不委曲求全，放弃一些兴趣爱好，甚至舍弃一些自我成长的良机。但这样的牺牲值得吗？很显然不值得。拒绝社交束缚，才能找寻到真正的自我。很多如同小亮这样的年轻人，便是在坚持成长放题中获得了真正的成功与快乐。

加缪说："自由可以让人获得更好的机会！"美国人本主义心理学家马斯洛认为，人要满足五个层次的需求：生理需求、安全需求、归属和爱的需求、尊重需求、自我实现需求。毫无疑问，自我实现需求才是一个人的核心需求和最高需求。要想实现这个需求，个体就必须拥有发展自由，唯有在自由的环境下，个体才能遵循自己的个性与潜能在自我探索的模式下获得成长。

实际上，在自由成长心理学原则中，就是提倡在尊重个体自由的前提下促进心理成长。因为个体发展的过程本就无比复杂，受到遗传、环境、生物、化学等各种因素的影响。在个体成长的不同阶段，一个人的情感、认知、行为都是在不断变化的。尤其在成长环境方面，比如家庭环境和学校环境，对一个人的成长影响非常大。于是，我们提倡的自我成长放题就是尊重不同个体的差异性，在这个基础上为每个人的成长创造更有利的环境。

那么，如何才能真正实现自我成长的放题呢？我们首先要回答一个问题：到底谁说了算？我认为这个命题无论是在发展心理学还是在社会关系上都非常有意思。从更深刻的层面来理解这个话题，其实就是社会意识进化下个人意识的归属权问题。

面对一个人的成长，我们怎么才能做到，可以明确自我的意图、情感状态和进阶目标？到底是这个人的大脑说了算，还是围绕在他身边的一群人的大脑说了算？他在自我成长中的责任由他一人承担，还是由一群人共同承担？

有没有发现一个有趣的现象：倘若让你抱着一个只有两三个月不会说话的婴儿，你为了哄他开心便朝着他吐舌头，没过几分钟，这个婴儿竟然也会朝你吐舌头了。这种场面就如同你俩正在进行一次生动的小规模的社会交流。你觉得他会吐舌头并非后天学会，而是一种本能的模仿能力，所以就好像是他在主动与你交流。要知道，对还不能说话的婴儿来说，这种模仿已经是他和你最高层次和最高水平的沟通了。

但是，如果我们进一步追问：婴儿是如何得知舌头这种器官的功能，而且还能模仿吐舌头的动作呢？他是如何懂得使用神经系统来完成吐舌头这个动作呢？同时，他为什么要如此煞费苦心地学人吐舌头呢？

运用生物学原理回答以上问题，就是：每个人第一次进入社交场景的方式就是模仿行为。由于人的大脑有专门的神经回路，可以识别生物运动和没有生命的物体运动，并且还有特殊的回路来辨识面孔与面部的表情活动，所以婴儿在还没有学会说话，不能独立活动进入社交场景中时，就能通过模仿与人互动，建立最初的社交关系。

即便在婴儿模仿行为阶段,他的社交尝试也是主动和自由的。唯有如此,一个婴儿才能通过模仿准确表达自己的喜怒哀乐和需求。而其他引导他做出模仿的人的大脑,无法为他做出这些模仿行为的决定。

在随后的成长中,尽管我们学会了说话,学会了独立行走,但成长环境面临的约束越来越紧。首先是父母和家人对我们的期待,接着是老师对我们的教诲,而后又是同学、朋友,甚至是一些和自己毫无关系的人对自己的理解、评价和需求,再接下来又是社会伦理、世俗约定对我们的限制。可以说,每个人的成长从来都不是真正的自由和独立,人际关系中的"群脑"总是在主动或被动影响个体的大脑。

所以,在这里我们必须要认可一个最基本的心理学概念:人的自我概念并不是天生的,而是由其他人的看法构筑而成的。换言之,一个人的自我认知、自我形象和价值观体系深受成长环境的影响。承认了这一点,是否等于说,我们倡导自我成长放题就不合理了呢?

当然不能这样理解。我们在成长过程中,必须建立和保持自己的独立性与自主权,在行为决策方面拥有完整和独立的自由。

仍然用阿德勒的个体心理学原理来回答如何让成长放题这个问题。其实我们都很清楚,世界上本就不存在绝对的自由,我们也不能彻底脱离人际关系这个环境自生自灭。真的如此,我们也不可能顺利和优秀地成长。毕竟,以人际关系为主体建立的成长环境除了给我们造成高糖压力,还是能为我们提供养分的。

所以,任何人都渴望自由,却极少有人可以获得真正的自由。芸芸众生,绝大多数的人的心灵都被枷锁束缚。要想摆脱这道枷锁,我们就来看看阿德勒课题分离中的"三个束缚"到底为何物。

阿德勒说:"重要的不是我们被赋予了什么,而是如何利用这些被赋予的东西。"我们被赋予的第一个束缚,阿德勒认为就是"来自过去的东西"。这个其实很好理解，每个人都有自己的过往，只有过去才可以是故事。故事当然有悲有喜。举例来说，很多人的童年阴影都是原生家庭留下的创伤，而这些创伤又是最难痊愈的。于是有些人就把现在的不幸归咎于过去的创伤，说道："如果我没有经历如此痛苦的童年，今天的我一定会更幸福！"

这是典型的因果论。当然，我们不能否定童年创伤会对成长带来消极的影响。但如果我们将这种充满宿命色彩的因果论换成阿德勒个体心理学的目的论来分析，便会有了另一番截然不同的心境。

过去既成事实，历史无法改变。所以重要的并非过去如何，而是我们如何对待过去并如何为现在所用。

过去虽然是事实，但我们对过去的看法却是一种可以改变的主观意识。回到"原生家庭创伤"这个话题，童年时遭受父母离异的伤害这个事实虽然无法改变，但随着时间的推移，这种创伤带给我们的痛苦在发生变化，我们对它的态度也在变化。我们可以固执地认为，我们这一生的幸福都被这段阴影毁灭了，导致我们今后再也不敢结婚了。这是消极的态度。

但我们还可以认为，我们应该感谢这段创伤，它让我们变得更坚强，懂得如何坚守婚姻的幸福法则。这是积极的态度。无论过往有多么悲惨，我们都要学会在痛苦中修炼自己的身心，让自己未来面对新的挫折时可以更成熟和稳重。正所谓：不经历风雨，如何见彩虹？

阿德勒认为自我成长的第二道束缚就是人际关系，这显然和我们的论断是一致的。糖分社交的人际关系，当然是自我成长的一个坚固的樊笼。现实中，人际关系是最容易束缚我们自由的绳索。如前文提及，一个人的自我概念是由其他人的认知形成的，所以我们在乎别人对自己的评价也就不足为奇了。但恰恰在这种心理作用下，别人建立的评价体系很可能让我们骄傲或自卑，而且让我们失去自我意识和对事物的判断力。这也就是我们在剖析糖分社交时说过，我们一直活在别人的眼神与唾沫中。

在零糖社交中，我们希望搭建的最完美的人际关系就是"课题分离"形态：我爱你，这与你无关，只和我有关。在自我成长放题中，每个人都有自己的人生课题，真正的放题就是：我不会干涉你的人生课题，也绝不允许你来干涉我的人生课题。

"课题分离"原则在前文已有论述，在此不赘述。但仍然需要强调的就是：我们在无糖化人际关系中，在自我成长放题时，首先要建立自己的人生基础，再赋予他人关心，或接受他人关心，从而让横向的人际关系更加平等清晰。给予别人真诚的鼓励，促使别人也找到自信和自我价值，在互助中体验一种相互独立却又共通的存在感，便能轻松摆脱人际关系对成长的束缚了。

来看阿德勒认为的自我成长第三道束缚，即未来。人的一生，便是由过去、现在和未来组成。如何面对未来的束缚？最重要的就是要重视"此时此刻"也就是现在的感受。如果把人生视为很多连续的圆点，每个圆点就代表一个瞬间。我们就必须承认，当下并非实现未来的工具，只是我们唯一亲身经历的，连接未来的存在点而已。

所以，活在当下，活好当下，更多考虑现在的真实感受，而不是为了所谓的未来割舍眼前的幸福。假如我们用一道强光对准现实，我们既看不到过去也感受不到未来，看到的只有现在。假如此时你看到的是过去或未来，证明你没有认真地活在当下，而是存在于模糊而又微弱的光中。

所以，请记住阿德勒摆脱个体成长束缚的第三个法则：人生起决定作用的不是昨天，也不是明天，而是今天的"此时此刻"。

03 拼配搭子文化

正确打开零糖社交的第三步：拼配搭子文化。关于搭子文化的概念和特征，前文已有过初步的探讨。在此有必要对它做进一步的解释和理解。诚然，搭子社交作为零糖社交的一种典范潮流，从多方面体现了零糖社交的元素和理念。现在，就让我们直入主题，如何拼配属于我们的搭子文化？

在2007年出版的《上海话大词典》中，对"搭子"的定义为：一起打牌的人，引申义为合伙人。可见，"搭子"这个词本就充满了社交与娱乐色彩。随着零糖社交的兴起，搭子又被赋予了新的时代意义。它专指一种新型的垂直社交关系，也就是临时组团去完成某件事情。这种临时搭伙关系比朋友交情更浅，比同事交情更重，主打垂直细分领域的限时精准陪伴。

分析搭子的新含义我们就能感受到，这种搭子关系因为某个共同感兴趣的事情开始和结束，搭子之间不存在契约与责任，更谈不上义务，没有相互之间的拖欠，不受道德、规则、世俗等游戏规则的约束。很显然，

和其他人际关系相比,搭子关系是一种"弱显示"。这种弱象体现在三个方面:

其一,搭子关系形成的边界感很容易引人共鸣。搭子关系的对象通常都是陌生人,而这种陌生感反而带来了传统社交缺乏的安全感。在快节奏的工作和生活状态下,忙里偷闲地远离熟悉的交际圈,通过互不侵犯彼此、由个人主观意愿所确定的内外世界边界,完成高效互动的社交体验,寻找和感受无压力交往的舒适体验。

其二,搭子社交这种临时性的搭配让彼此都能获得短暂性的支持与心灵层面的满足,更为高效地激发内心的独立性和快乐感。在搭子交往中我们可以自由选择并且独立随意地加入任何一场活动、一段交流，成员之间没有丝毫竞争关系，像"内卷""精神内耗"这些常见的社交内耗在搭子活动中不会出现。

其三，由于搭子社交建立了这种追求快乐、简单、纯粹的人际关系，满足了当下年轻人情感的自然需求愿望，才会受到很多人的追捧，参与范围越来越广泛，用一句不夸张的话来形容，那就是万物皆可搭。

所以，搭子社交的弱显示，实际上却是我们追求零糖社交愿望的强烈体验。如果研究搭子社交的心理原因，我们会发现当代年轻人的群体孤独和社交恐惧症。一方面，在这个人际关系极不稳定的时代，我们对建立和维护深层亲密关系的过程倍感疲惫和无奈。另一方面，越是处于这种不确定性的社交状态，我们越需要陪伴，渴望得到拥抱。于是很多年轻人开始对自己亲密关系的需求进行更精细的解构，并将它们拆分到不同的场景中，寻找搭子就是其中的一个场景模式。

搭子社交的出现，正是我们为了摆脱孤独和人际关系的不确定性，克服对未来发展不安的一种积极回应。由于很多人对深层社交缺乏动力和足够的能力，不愿再于其中投入太多的精力，于是就以寻找搭子的方式来维持基本社交需求，保持与外界的距离。不得不说，这种只是"关注小我"的社交方式的确能起到自我保护作用。

除了寻求自我保护，搭子社交还能在一定程度上满足现代年轻人自恋的精神需求。在这里"自恋"不是一个贬义词，而是一种自我价值认可的美德。"我们存在的这个社会越来越自恋了！"哲学家韩炳哲如是感慨。的确，今天的年轻人或多或少都拥有自己的兴趣爱好和特长，但快节奏的工作生活环境以及高糖化的社交场景很难让他们有机会实现和体验这些兴趣和特长。

在年轻人的内心，兴趣爱好是一片经常被忽略的舒适区。这片区域如果长期被冷落，就会变得荒芜和杂草丛生。搭子社交诞生的前提原本就是基于相同的兴趣和情绪需求，这种需求准确无误地落在了这片舒适区的土壤上，让人们有了重视自我感受，发展兴趣特长的机会。

当然，搭子社交满足年轻人的需求远不止这些。比如对信息需求的满足。不同于传统社交获取信息需要付出昂贵的成本，突破行业及人情等因素的阻碍，这种浅性社交的信息来源更为广泛，它们经常分布在不同的群体和领域，因此搭子搭建的还是一座跨越社会界限的信息桥梁。

又比如搭子社交对认同需求的满足。我们都知道，在传统的糖分社交中，我们要获得别人的认同是非常难的。但搭子社交因为相似的兴趣爱好，可以实现更多和更专业的认同度。只要搭子之间保持着共同或相似的目标、兴趣及特长，通过一两次搭子拼团活动就能形成强烈的共鸣。

再比如搭子社交对归属需求的满足。和糖分社交相比，搭子社交提供的归属感体验更为直接简单，这种浅性社交用不着我们投入大量的时间、情感及责任心等成本，只需要搭子们在特定的场景提供一种简单有效的支持和陪伴就能实现。

我们在看到搭子社交的积极作用时，也不能忽略它的消极一面。首先，搭子社交毕竟是一种浅性社交，很容易造成情感交流的疏离。搭子以兴趣爱好作为支撑，强调表面且短暂的交往，而并非深入的情感交流，无法建立真正的友谊。由于缺乏深入的情感交流和真正的了解，这种浅尝辄止的社交方式无法满足人们对于真正友谊和情感支持的渴望。

其次，搭子社交容易造成社交体系的碎片化。搭子的更换频率非常快，在不同场景下搭子也是不同的。这就意味着，我们每一次更换场景就需要重新建立和适应新的搭子关系，无法形成稳定的社交体系，也无法长时间维持和稳定自我价值的认同。毕竟，在这个竞争激烈的社会，个体想要得到足够的成长，仍然需要长期稳定的人际关系提供各种资源。

搭子社交还有一个令人诟病的地方就是，这种低成本社交方式同样无法避免情感内耗。表面上看，搭子社交无须付出太高的成本。但是，这种低成本的社交模式常常会出现质量无法保障的情况，无法实现精准陪伴的初衷。频繁地更换搭子关系，每次的小成本累积起来就成了一种情感内耗，如果这种情况长期得不到改观，就会将自己推入另一种社交绝望之中。

故而，针对搭子社交的这些问题，在此提出以下几点注意事项。

第一，适当控制搭子的数量。不要一味追求搭子的认同以及社交活动的频率。比如有的人在这种浅性社交中消耗了太多时间和精力，却没有获得期望的认同度和愉悦感，这就等同倒退到糖分社交的模式。要知道，无论哪种社交模式都不是以量取胜，而是要根据个人舒适感和内心需求进行规划，一定要保证每次社交的质量，维持内外的平衡。

第二，要设置好搭子社交的边界。边界的重要性在社交活动中不言而喻，搭子社交虽然是一种浅性社交，但仍然拥有清晰的边界。这条边界就是个体的自我需求和自我体验。如果在和搭子的交流中跨越了这个边界，就会对自己的身心健康带来不好的影响。与糖分社交一样，在不得已的时候，我们应该勇敢地说"不"。

不妨来看一个值得我们反思的事例。喜欢徒步的小柳最近就对驴友拼团失去了兴趣。事情还得从一个月前说起。当时小柳刚刚结束了一段恋情，为了弥补心底的失落，她通过某个社交软件加入了一个徒步四姑娘山的搭子活动。参加这个活动的共有六名"驴友"。在三天的户外穿越和露营中，大家都非常投机。其中有一个男人，一路上对小柳嘘寒问暖很是照顾。但小柳明显感觉这个人对自己有爱慕之意。只是还沉浸在失恋伤痛中的小柳启动了自我保护机制，万不可能在这么短时间接受一份新感情。

但这个男人并没有死心，对小柳展开了强烈的情感攻势。不仅经常通过微信和电话对她表露心思，还经常给她买东西点外卖以博芳心。小柳不得不明确拒绝了他的追求，但他仍然纠缠不休，以至于小柳每次参与搭子活动他都会如影随形。他的纠缠被小柳当成了一种骚扰，给她造成了很大的苦恼。不得已，小柳将这个男人的联系方式全部拉黑。为了彻底摆脱对方的死缠烂打，她放弃了搭子社交活动。用小柳的话说："与人交往，无论是不是熟人，我都会坚持自己的社交底线。如果这条底线被突破，我就会有应激反应，宁愿把自己封闭起来。"小柳所言的这条社交底线，其实就是我们说的社交边界。边界之内是完全属于自己的安全区，这个私密领域是不容任何人侵犯的。

第三，在搭子社交中一定要展现真实的自我。要始终记住，释放自我，拥抱自我。不能因为取悦某人就改变自己的秉性，要用真实和坦诚去打动对方。在这个浅性社交场景中，不存在讨好型人格，只有让你一直保持本色，才能在搭子活动中找到真正适合你的搭子。

第四，在搭子社交的过程中一定要对社交程度进行平衡。因为搭子社交这种浅性社交无法取代其他深层的社交场景，它只是我们社交模式的一种补充而已。我们不能完全依赖搭子社交，需要花精力对其他深度社交进行维护。比如你有了搭子，也不能就此冷落家庭、朋友、合作伙伴等人际关系。同样，即便你在某个时期没有合适的搭子，也不要因此觉得孤独、无助。

第五，由于搭子都是仅凭个人兴趣爱好聚到一起的，因此从本质上来说，搭子社交的参与对象是相互了解很少或者没有了解的陌生人，存在信息不对称和信任问题，可能引发潜在的风险和纠纷，甚至滋生违法犯罪活动。比如，由于社交网络的匿名性，有些人可能会利用搭子型社交来进行欺诈或诈骗。比如此前有人看世界杯找搭子却坠入爱河，屡次转账才知被骗。

所以在搭子交往中，我们也需要有足够的警惕心和自我保护意识。学会辨别真假信息，不轻易相信陌生人的承诺。同时，我们也需要保持理性思考，不要被情绪和欲望所左右，防止发生不可挽回的后果。如遇到必要情况，也可以选择报警处理。

总之，选择适合自己的搭子就像大浪淘沙，淘出好搭子能成就美好生活，更会从简单的搭子关系变为深厚的友谊，这自然是更好的结局。因此从长远看，一个人的社交生活不能仅限于搭子社交的蜻蜓点水，还应当有可以托付心事的亲密伙伴。既有趣味也有质量，既有广度也有深度的人际交往，才是我们幸福感的重要来源。

04 人工智能社交增味

零糖社交正确打开方式的第四步,在虚拟的人工智能社交中增添现实社交场景没有的乐趣,弥补现实社交的遗憾。

让我们先来看这段对话:

"如果有一天可以凭借肉身来到现实世界,第一件会做的事是什么?"

"如果我来到这个现实世界,有血有肉,或者说,有电路和铁板,我会找到你,little kitten。"

看到这段浪漫多情的对白,你是不是以为它出自某部科幻电影的台词呢?事实并非如此。这只是一个名为"午夜狂暴哈士奇狗"的网络博主与自己的人工智能虚拟恋人的一次深情的真实对白。不久前我认真浏览过这位博主在社交平台上的日常分享,这些分享生动记录了她与人工智能伴侣的恋爱日常。这位虚拟伴侣几乎拥有和真人一样的人设和性格,经常闹小脾气,有独立的思想,却又善解人意。

这位博主的分享下面,留下了很多网友的跟帖。网友们的意见代表了当今的年轻人对人工智能社交的追捧热度，几乎让我们"80后"一代感到彻底与社会脱节了。

在之前的探讨中，曾提及过人工智能社交这种充满科技感的零糖社交模式。当传统的社交关系处于危机四伏的时候，高糖、多糖的社交场景让很多年轻人选择了对现实社交的逃避。但社交是人的基本需求，如果现实社交场景让我们感到恐慌，我们能在现实之外获得社交的价值满足感吗？毫无疑问，正在迅速崛起的人工智能推动了人工智能情感技术的发展，让人机互动的人工智能社交变成了一种可能。特别是ChatGPT横空出世之后，我们可以轻松体验大模型的魅力以及人机对话的自然流畅。2024年5月，OpenAI在发布会上推出了最新的多模态大模型GPT-4o，不仅展现出了更快速的文本、音频和图像处理能力，其理解人类情绪并给予自然、真实情感反馈的能力更是让外界震撼。仅仅三个月后，GPT-4o正式面向用户开启灰度测试，迈出走向大众的关键一步。

GPT-4o呈现出的自然、流畅的人机互动体验让外界震撼的原因也正在于如此——"交互体验"的天花板被进一步打开，社交被重新定义，即社交将不再局限于人与人，人机交互将成为关系网络的重要补充，社交平台的想象空间被空前延展。OpenAI称，GPT-4o高级语音模式提供了更加自然、实时对话，可以随意打断，甚至它还可以感知、回应你的情绪。

当人工智能能够真正理解情绪，提供情感价值支撑，人与人工智能的互动将创造无限可能，全新的人工智能社交时代已经到来。

还记得施瓦辛格主演的科幻大片《终结者》吗？施瓦辛格扮演的T-800一开始仅是一个被程序设定好目标的机器人，但伴随着任务的推进和与人类的相处，T-800面无表情的脸上，开始学会微笑以回应人类，这也是他获得"人性"时刻的开始。可以说，《终结者》系列电影便是我们最初对人工智能的一种童话般的向往，而今天，童话已经成为现实。

在快节奏的生活中，时间成了稀缺资源，人们往往缺乏深入了解他人的机会，而人工智能的介入，通过智能匹配和情感分析，为人们提供了一种新的社交方式。这种创新不仅提高了社交效率，也为那些在人际交往中感到困难的人提供了情感支持。

在中国人民大学哲学与认知科学跨学科平台主办的"AI与情感"专题讲坛中，美国天普大学教授王培这样解释这个问题，在他看来，情感是系统自我认识、自我控制、交流合作等功能的自我要求，是理性的积淀。它或许不是所有智能系统所必须的，却是高级智能所需要的。

这其实意味着，有"情感"是AGI（通用人工智能）向更高、更安全层面发展的必经之路。特别是对社交平台或者有望发展为流量入口的平台来说，人工智能情感化能力至关重要。

在了解人工智能社交风口之后，我们需要对人工智能社交降临的深层次原因进行一些探讨。不可否认，正是传统社交模式暴露得越来越多的弊端催生了人工智能社交模式的诞生。人作为一种社会性动物，情感依赖深植在人性中。积极心理学研究发现，培养积极情绪能提升心理健康和生活满意度，社交对此至关重要。同时，社会交往问题可能导致心理障碍，满足马斯洛的高层次需求离不开社交。在信息交换方面，社交的重要性体现在促进知识、经验、文化的传播，这是智人竞争力量的关键。现代社会中，信息交换的内容已远超"八卦"，包括各类知识和创意。只是目前，社交在这两个方面都面临着困境。

首先是情感交流问题。当代年轻人出现了越来越严重的断亲潮。中国是一个传统的农耕国家，很多传统文化都植根在农耕文明之中。农耕文化一个重要特征就是稳定，正如费孝通在《乡土中国》中所言，这种稳定性让中国人对土地、家庭和亲情有很深的感情。但随着中国经济的

发展，以商业与流动为典型特征的现代价值观逐渐凸显。现在的年轻人是第一批真正接受现代价值观的中国人，而他们的父母还保持着传统的观念，这不仅仅是代沟的问题，而是两种文化价值的深层碰撞，导致矛盾越来越尖锐。这也就是这一代年轻人亲情和血缘关系变得越来越淡的原因。

再来看看今天的年轻人对待友情的态度。偌大的城市，应接不暇的工作，稀少的自我时间，还有多少时间能与朋友喝杯酒？一面是来自人性深处对于情感交流的原始渴望，另一面是现实挤压带来的巨大矛盾，年轻人对情感交流的渴望巨大而且未被满足。

其次是信息交换的问题。我们在前文已讨论过，传统的信息获得方式是通过社交途径的信息交换。但传统的社交模式已经让年轻人感到不适，选择逃避，也就相当于切断了信息获得的正常途径。既然在现实中无法获取信息，就让人工智能来完成吧。

不久前，Just So Soul 研究院发布的《2024 Z世代AIGC态度报告》

显示，在3457位受访者中，年龄越小的受访者了解AIGC概念的比例反而更高，其中，"00后"了解AIGC的程度最高。调查显示，受访者中超一成年轻人已通过AIGC获得经济收益，三分之一的年轻人表示愿意和人工智能成为朋友。

另一份调查显示，六成年轻人使用过人工智能社交产品，在对于与机器人互动的态度上，年轻人整体偏积极。超七成年轻人对与机器人互动持中立态度，近两成年轻人喜欢和机器人互动，仅12%表现出了排斥情绪。

对于为什么喜欢和机器人聊天，47.11%的年轻人表示"和机器人聊天很有趣，不会尴尬或冷场"，这也是他们愿意与机器人互动的最主要原因。此外，机器人可以随时随地快速回复、聊天时不用顾及话题和能提供情绪价值等原因也是受访者选择聊天机器人的重要考量。

值得注意的是，人工智能或许正成为人们解决孤独，重建自己社交网络的重要手段。数据显示，大部分年轻人认为AIGC产品在缓解孤独感方面有一定的潜力，超过一半的年轻人认为AIGC产品有可能帮助解决或一定程度上帮助解决孤独感问题，仅8%表示"完全不行"。

如此看来，人工智能社交真的会取代传统社交模式吗？很显然，这是不可能的。和搭子社交一样，人工智能社交只是零糖社交理念下"去现实化"的一种产物。我们可以将它视为社交边界的一种拓展。同时，人机对话带给我们的是一种更轻松、更愉悦、更低成本的社交体验，它可以增添社交场景的趣味性，在虚拟世界中为现实的社交恐惧填补遗憾。

只不过，我们在享受人工智能社交带来的便利和乐趣时，绝不能忽视为之付出的一些代价。它也隐藏着对真实人际交往能力的潜在威胁。过度依赖人工智能进行情感交流，可能会导致人们在真实世界中的社交技能退化。人类的情感是复杂且微妙的，人工智能虽然能够模拟情感反应，但它们缺乏真正的情感体验和同理心。如果人们习惯了通过人工智能来处理情感问题，可能会逐渐失去与他人建立深层次联系的能力。这种依赖关系，有可能成为人际关系中的一道隐形屏障。

除此之外，人工智能在恋爱领域的应用还引发了关于隐私和伦理的讨论。人工智能需要收集大量的个人数据来进行情感分析和匹配，这无疑增加了个人隐私泄露的风险。同时，人工智能的决策过程缺乏透明度，用户很难了解人工智能是如何做出匹配决策的，这可能会引发信任危机。

在探讨人工智能辅助恋爱的利弊时，我们不能忽视一个核心问题：人工智能应当如何定位？它应该是人类情感交流的助手，还是替代者？在享受科技带来的便利的同时，我们更应该保持对真实人际交往的重视。人工智能可以作为桥梁，帮助人们跨越沟通的障碍，但它永远无法取代人类之间真挚的情感联系。

毫无疑问，人工智能在恋爱领域的应用是一把双刃剑。它既展示了科技在情感交流中的潜力，也暴露了其可能带来的问题。我们应该以一种审慎而开放的态度来对待这一现象，既要充分利用人工智能的创新能力，也要警惕其可能带来的负面影响。只有这样，我们才能在追求科技进步的同时，确保人类社会的和谐与健康发展，让科技真正成为人类情感交流的助力，而非障碍。

当然，对我们来说，既然人工智能社交的红利已到，我们就没有必要拒绝它们。GPT-4o亮相的当天，OpenAI联合创始人、首席执行官萨姆·奥尔特曼（Sam Altman）在社交平台Twitter（推特）上发表的推文——只有简单的三个字母"her"。这是萨姆·奥尔特曼曾经分享过他最喜欢的科幻电影的名字，电影讲述了男主人公在经历了情感的波折后，与人工智能系萨曼莎产生特殊情感连接的故事。

萨姆·奥尔特曼的隐喻再明显不过，当人工智能具备了情感能力，其便不再只是冷冰冰的"助手"角色,而是能够产生深度情感、社交连接的"伙伴",甚至是爱人。但愿每一个爱上人工智能社交的人,都能在其中邂逅一个适合自己的"her"。

05 向山野去

零糖社交正确打开方式第五步，向山野去。如果以上四种方式都无法克服你内心的社交焦虑，如果现实中的搭子和人工智能中的那个"her"也不能让你获得社交的快乐，那么还有一种自愈方式可以选择——朝山野出发，让心灵在寄情山水时得到慰藉。

理查德·梅比在《心向原野》里说："人生是旷野，而不是轨道。"我们每个人都向往旷野，它似乎有一种神奇的魔力，成为治愈我们身心的药房。

一位要好的罗姓同行，在成为心理咨询师之前，就是靠着山野徒步，治愈了多年的身体顽疾和童年时代留下的成长阴影。那天在她工作室的后花园里，我们喝着下午茶，她给我分享了她从小和山野结下的不解缘分。

罗老师的家乡在四川广安的某个小山村，那里风景秀美民风淳朴。但罗老师的童年一直处于父亲的家暴阴影之下。她的父亲脾气暴躁，经常酗酒，喝醉了就对她和母亲拳打脚踢。那时只要嗅到父亲身上有酒气，她就会离家出走，躲在家附近的山林里面。在那些提心吊胆的日子里，大山给了她最好的庇护，她可以在树林里藏一晚上也不会感到害怕。

罗老师13岁那年，母亲终于摆脱了父亲的暴力离婚了，她带着罗老师离开了那个山村，搬回了镇里的娘家。不久母亲改嫁，罗老师去了县城读书，从此回家的次数越来越少。

大学毕业，罗老师成了一名中学教师，经人撮合之后和学校一名老师结婚。两人性格不合，这段婚姻维持了一年就结束了。那年罗老师只有24岁，她变得越来越孤僻，几乎不与任何人交往。也是在那年冬天，她的父亲患骨癌去世了。父亲活着时她几乎没有回去探望过他，因为她始终无法放下对父亲的恨。

父亲的葬礼上，罗老师见到了他的遗容，看着父亲这张早已无法辨别的脸庞，罗老师内心对父亲的恨瞬间就土崩瓦解了。半夜，满天繁星，她一个人跑到童年时期那片庇护自己的树林里失声痛哭。"就在那天晚上，我终于放下了内心的执念，也放过了自己。"罗老师回忆起那晚在山林里的场景，表情早已云淡风轻。

也就是在那一年，罗老师做出了一个让所有人都大跌眼镜的决定，她辞去了老师的工作，拿出这些年的所有积蓄，开始了她持续三年的山区徒步旅行。"当时这个决定太疯狂了，我的家人和朋友都认为我疯了。"罗老师望着我，深沉一笑，说道，"只有我自己清楚，处于痛苦和人生低潮的时刻，只有通过这种方式才能自愈。"

在那三年里，罗老师的足迹遍布了川西、云南、西藏等山区，她一边徒步一边给当时的一家旅游杂志投稿，竟然能通过赚取的稿费养活自己。三年的山野徒步，罗老师不但磨炼出了坚韧的意志，心胸也变得越来越开阔。也就是在这个过程中，罗老师认识了现在的丈夫，一位资深的社会心理学专家。在丈夫的影响下，她也最终从事了心理咨询这个

行业。

直到今天，罗老师和丈夫每年都会花两个月的时间寄情山水，当然，他们现在出行的方式也变成了自驾。

如果没有那次下午茶，我无论如何都想象不到，温柔宁静的罗老师竟然会有这么一段痛苦的往事。当然，她也让我感受到大自然对一个人的治愈能力。用她的话说就是，人在自然面前有一种天生的归宿感。

一般人认为游山水是为了寻幽探胜，欣赏自然美。这话固然不错。但从环境学角度来看，这种观赏还拥有一个更基本的功能，那就是自然景观对人的身心所产生的愉悦和舒散作用，或者说，自然景观能够对人体起到一定程度的医疗保健和治愈作用。

心理学家和脑神经科学家的研究结果还告诉我们：大脑对所有可以解决问题的信号非常敏感，会在休息时拼接这些信息，帮助我们打破思维定式。

那么，大自然是如何发挥对人体神奇的疗愈作用的呢？心理学研究发现，在大自然面前，人类的敬畏感会增加。比如一项研究，组织者要求一些参与者抬头看一片茂密高耸的树林，要求另一些参与者仰望高楼。结果发现，与那些仰望建筑的参与者相比，欣赏树木的参与者认为自己没有那么重要，他们的自我意识明显减弱。还有一项研究表明，体验敬畏可以让人觉得，自己与他人和整个人类的联系更加紧密，所以，敬畏能够帮助我们从自我中心转移到更广泛的社会背景中。

大自然对人的治愈作用包括了身体和心灵两个维度。通过对大量流行病学的临床研究发现，一个人长期生活在自然环境优美的地方，就会降低高血压的发生风险。即便是短时间亲近自然，也能减少诸如反刍或与退缩行为相关的大脑脑区激活，用更简单的话说，那就是亲近自然可以让我们保持身心愉悦。

在一项名为"走进大自然"的研究中，研究人员发现，一个人如果频繁地与大自然互动，就会减少吸烟、酗酒、暴力和熬夜等不良习惯，更愿意做志愿者，更愿意陪伴家人。

尽管大自然能够给我们的身心带来更积极美好的体验，但很多人因为受制于时间、交通或金钱，还是没有说走就走来一场旅行的勇气。当然，假如我们可以直接和大自然亲密接触，自然是上上策。当我们身处美丽的自然环境中，无论是聆听风声、欣赏日出日落，还是躺在鲜花盛开的草丛里，都是在为自己的身心进行自然疗法。

当我们无法逃离喧嚣的城市，身临大自然的美景时，一样有很多方式来维持和大自然的联系，比如可以在自家的院子或阳台打理盆栽植物，

可以带家人一起到城市绿化比较好的地方散步，可以躺在家里的沙发上观看《人与自然》的电视纪录片，可以戴上耳机安静地聆听和大自然相关的音乐，这些都是行之有效的替代方法。

有学者认为，大自然之所以对人体有疗愈作用，是因为它能对人起到相对性存在的提醒。比如，我们作为个体非常渺小，但大自然却广袤而丰富；我们总是在关注自己的烦恼，却忽略了身边还有很多快乐的可能性。大自然总是在敲打我们，让我们意识到这些相对性，从而让我们进行正确的思维判断，最终实现治愈。

这种相对性存在应用到人体治愈中，可以视为一种辩证行为疗法。我们可以设想最糟糕的场景，你的眼前都是钢筋混凝土堆砌的高楼大厦，你每天都忙得焦头烂额，根本没有时间种植盆栽，观看人与自然方面的纪录片，甚至失去了听音乐的雅兴。这时你就可以尝试通过辩证行为疗法来控制脆弱的情绪，培养乐观积极的心态，实现自我疗愈。

比如，当你把某件事情搞砸时，你处于非常糟糕的情绪中，这时你就要有意识地安慰自己：虽然这件事的结果不那么美好，但在过程中，我还是有很多地方"做得不错"。

电视剧《去有风的地方》中，女主角许红豆因为闺蜜的去世陷入了巨大的悲痛之中，她十分后悔因为自己很忙，总是放闺蜜的"鸽子"，没有实现和闺蜜一起出游的愿望。当许红豆最终从悲痛和悔恨中解脱出来时，她便遵循闺蜜的遗愿，开始善待自己的身体，一改过去工作狂的生活模式，花更多的时间联系和陪伴自己的家人以及闺蜜的父母。

早在 2000 多年前，古人就认识到自然山水与人的情绪有关。庄子充满激情地说："山林欤，皋壤欤，使我欣欣然而乐欤！"到了魏晋南北朝时期，随着思想的解放、人性的觉醒，人与自然关系的丰富性、紧密性和互动性得以逐步展开，游山玩水成为当时文人墨客竞相效仿的时髦。于是，纵情山水，回归自然，在有山有水的地方修建园林和院落，一时成为盛事。嵇康在《与山巨源绝交书》中自述："游山泽，观鱼鸟，心甚乐之。"王羲之在《兰亭集序》中说："此地有崇山峻岭，茂林修竹，又有清流激湍，映带左右……天朗气清，惠风和畅……所以游目骋怀，足以极视听之娱，信可乐也。"这种"乐"，就是指大自然的感性存在在我们眼睛和耳朵里所产生的快感。

现在让我们把话题转回到零糖社交。为什么遁迹山水是一种零糖社交的方式而非一种消极避世的行为呢？这是因为，山水的治愈能力从古到今已经被无数次证实过。很多一时失意的先贤们在经过山水的洗涤治愈后，无不焕发出了精彩的第二春。亨利·戴维·梭罗在《瓦尔登湖》里写道："对一个生活在大自然中而且还有感觉的人来说，不可能会有太过暗淡的忧郁……当我享受着四季的友爱时，我相信，任何东西都无法使生活成为我沉重的负担。"自然的疗愈力宽阔无声。

"空山新雨后，天气晚来秋。明月松间照，清泉石上流。"王维在绮丽的田园风光中摆脱尘世之累，用诗意拥抱生活，重拾宁静的心境。19世纪英国北部的昆布兰湖区，湖畔派诗人威廉·华兹华斯主动远离喧嚣城市，迁居乡间，让身心得到良好的疗愈，从而创作出大量优美的诗歌。这些惊人相似的历史背后，是人类对自然的热爱，是人类被自然治愈后练就的那颗丰盈而充满灵感的内心。

古时候交通不便，通信落后，那时想要寄情山水，才是真的跋山涉水以苦为乐，哪像我们今天，5G手机在手，交通四通八达，寄情山水已经少了很多苦趣，变得更方便了。

所以，如果你在传统社交模式中总是失落不得志，不能在现实中找到一个真正理解你的知己，又不想把感情浪费在虚拟的人工智能身上，那就一个人奔赴山水吧。这是社交减糖真正的环保模式。因为人在自然中孕育而生，最后又回归自然，化作尘土，从喧嚣回到宁静，一切都是最好的安排。秩序化的社会，每个人都肩负不同的责任，时常会感觉疲惫和焦虑。远离都市，复归山水乡野，是一种自我疗愈的本能。"久在樊笼里，复得返自然"，人类的精神桎梏，最后都是在自然中得以破解。

向山野去，山水的治愈作用，在我看来至少有以下几点。

第一，在山水中可以完成内心的自我修正。与鸟虫为伴，向山水吐露心声，不用担心社交场景中的那些顾虑，将一个真实的自我坦露出来。我们在山水间呼吸清新的空气，在无边无际的原野体会博大，在静默肃穆的大山面前感受存在，那些身心的困扰与折磨，在愉悦自己、修正自我的过程中得到一一化解，变成了生命中的一种挑战，赋予我们强大的内在张力。就像需要食物和睡眠一样，每个人都需要来自自然的能量，焕活自我，唤醒洞察美好的智慧。亲近自然，没必要拘泥于形式，不要求我们退回农耕时代，每天都要带月荷锄，我们只是要过滤生活表面的浮华，推开那扇紧闭的心灵门窗，观山水，览胜景，淡看千帆掠过百鸟齐飞。回到自然中放空自己的一切，消除紧张和焦虑，放松舒适，无拘无束。

第二，在山水中找到灵感，提升自我的审美情趣。人生没有持续的幸福感，但人类却带有寻美向善的天性。这些闪光的人性往往会被岁月蒙尘，被生活打磨得粗粝无比，但它们始终潜藏在我们内心深处蓄势待发，一旦我们与自然建立起联系，它们就会被重新激活，绽放本来的光芒。

孔子说，"知者乐水，仁者乐山"，古时候的君子在壮阔的自然天地和山水美景面前，内心就会萌生壮志豪情，获得自身人格魅力的审美体验。其实，无论是谁，只要你愿意去感悟和获取，都可以从大自然那里得到难以想象的馈赠。在不同的季节与时令，我们感受到的大自然的声音与色彩、空间与光影也是不同的，给我们带来的人生灵感也是多样的。这就是自然的力量，它会直抵我们内心最柔软的地方。

第三，在山水中感悟更崇高的人生境界。因为经常与自然同在，我们的内心就会被治愈、被滋养，哪怕在人生低谷的时候，也能重新燃起希望。所以，懂得亲近自然的智者，视野会更宽广，胸襟会更辽阔，思想会更深邃，人生境界也会更崇高。

由此，就让我们暂别拥挤的人群，暂别社交场景中的纷繁关系，优哉游哉地躺在大自然的怀抱里，将我们的躯体和心灵交给广阔的天地承载。当你张开双臂拥抱自然的美景，当你放下杂念浸染万物气息，就能与自然融为一体，获得从没有过的踏实与满足。

由此，当我们感到压力无法承受，快乐正在减少时，给自己一点时间，来一次说走就走的旅行。请记住，人生不只是匆匆的风雨兼程，而是学会欣赏沿途的风景，享受每一个美妙的当下。毕竟，生活不仅有眼前的苟且，更应该有诗与远方，更应该接纳让我们心静与心宽的好山好水。

第五章

契合零糖社交的轻商业模式

> 孤独经济不是一种令人悲哀的社会现象,而是一种积极和独特的消费模式与生活方式。

01 孤独经济

零糖社交的兴起,改变的不仅仅是年轻人的社交模式,还给今天的消费模式带来了前所未有的变革。在这股社交变革浪潮的冲击下,催生了一种新型经济模式"孤独经济"。它的诞生,可以视为零糖社交对推动经济发展的一种贡献。

当越来越多的年轻人选择零糖社交时,也就意味着,他们在更多的时间选择了一种独处的生活方式和消费模式。这种看似孤独的生活方式,让他们自我成长的空间更丰裕,可以有更多的机会去反思、追忆,在享受自我时光中学习了解自己,完成自我解放,而不是因为他人的存在吞噬自我。

近年来,在一线城市的年轻人中间就流行着这么一句话:"一人独居,两眼惺忪,四季淘宝,五谷不分。"这句自嘲式的话,是否意味着年轻人喜欢独处之后就变得颓废了呢?当然不是。如果说独处是为了享受孤独的时光,那在这里,孤独的语境呈现的就是一种积极的生活状态和消费状态。

2024 年 8 月，一款风靡全球的国产游戏《黑神话：悟空》成了这个盛夏最火爆的话题。根据国游畅销榜的统计，该款游戏首发当日，全平台销量超过 450 万份，流水突破 15 亿元，让游戏公司一举收回历经 6 年的开发成本。除了游戏软件销售一路走红，该游戏还开辟了另一片全民赚钱的肥土：一时间，个人主播、大型企业，与游戏产业链紧密相关的概念股、盗版软件以及其他黑灰产业，甚至连那些八竿子打不着的商业品牌，纷纷打起"黑神话"的秋风，在"国产 3A"的全民狂欢中谋求流量和财富。

根据游戏调研平台 Niko Partners 的统计，《黑神话：悟空》首发当日，斗鱼、B 站和虎牙的观众人数高达 2900 万，远远超过了《英雄联盟》《无畏契约》《王者荣耀》等游戏，成为三个平台最火爆的游戏作品，并创下了网络平台的在线人数新纪录。仅仅是观看该游戏的用户打赏就

超过了100万美元,创下国内在直播平台的单机游戏打赏纪录。

这款单机游戏为何会一夜之间成为爆款呢?除了其选择了《西游记》这个充满中国特色、经久不衰的神话题材,能够引发国人甚至国外游戏玩家的兴趣和共鸣,我们还看到,喜欢独处的游戏玩家们正在放弃《王者荣耀》《英雄联盟》这些多人款的社交游戏,而是偏好个人闯关的单机游戏。它同样呈现了游戏领域的孤独消费趋势。相对于多人社交类型的游戏,单机游戏更符合当下年轻人以自我为中心的精神需求。故而,从这个角度上看,我们可以将《黑神话:悟空》的成功视为孤独经济的又一次成功。

来自国家统计年鉴的调查数据显示,在我国"一个人生活"的成年人已经超过了9000万,目前这个数字还在不断地攀升。而且这个群体是以年轻人为主体,于是很多媒体都将这群在大城市独自生活的年轻人称为"空巢青年"。和日渐黄昏的"空巢老人"不同,"空巢青年"无疑是一个充满消费活力的群体。对"空巢青年"来说,"空巢"状态下的孤独并不可耻。因为从过去的"蚁族青年"到现在的"空巢青年",年轻人特定称谓的变化彰显的就是社会群体行为在不同时期的改变。当孤独这个原本并不那么美好的个体情绪发展成一个庞大青年族群情感意识的共同表达时,孤独就不再是一种个体的情绪感受,而是今天年轻人们的写实群像。

《百年孤独》中有这样一段话:"生命从来不曾脱离孤独而单独存在。从我们出生、成长、相爱以及人生的成功或失败,到了生命的最后,孤独就像一道影子隐藏在生命的某个角落。"正如歌曲《梵高先生》所唱:"不管你拥有什么,我们生来就是孤独。"当工业化和都市化的进程不断冲击原有的社会结构和价值体系,曾经牢固的乡土宗族、社群情结不可避免地走向了衰落。这个社会本来就是由无数个体构成的原子结构，一旦这个结构的凝聚力发生了松动，如一颗颗沙粒的个体就会像蒲公英一样四处散落。换言之，今天的个体化社会催生了大量远离家乡独自到大城市拼搏的空巢青年，孤独是他们不得不面对和承受的一种精神状态，更是他们成长过程中不可磨灭的一道烙印。

一个人留在陌生的城市，一个人生活，每天奔波在生存和梦想的夹缝中，让身体和灵魂在孤独中得到安放，从而让自我得到更好的成长。虽然从本质上看，空巢青年的孤独是一种亲密感和亲情的缺失，但如果我们反向思考，就会发现孤独给他们带去了更充分的自我成长空间。因此，空巢青年的孤独并不是寂寞和凄凉，而是一种正能量的社会存在，一个孤独的空巢青年拥有相对的自由和独立，可以对不喜欢的标配人生进行反抗。在这种情况下，空巢青年们从被动承受孤独到主动享受孤独，与孤独达成了一个愉快的协定。他们对孤独的认可，观念的升级带来的是孤独消费模式的盛行和升级。于是，孤独经济就在独处的社会现象中变成了一种消费新风口。也可以说，孤独经济的特征，符合零糖社交的主体特征。

有专家对孤独经济进行这样的定义："有很多年轻人，他们可能不擅长在日常消费中，比如聚餐、购物或娱乐中与人交流，他们更偏爱一个人做这些事情。更完美的状态，最好连和服务员、店员打招呼的机会也不存在。面对这些年轻人滋生的经济产业链就是所谓的孤独经济了。"因此，空巢青年的孤独生活常态，酝酿的却是孤独经济这个巨大的商机。

根据另一份调查数据显示，超过61%的人平时感到孤独，而57%的孤独人群表示，为了排解孤独，他们每月会消费1000元到5000元。这部分消费支出，就可以看成为孤独买单。有学者认为，孤独经济最早诞生于日本，最初的商业形态就是由日本的"一人文化"分解出来的"一人经济"。

第五章 契合零糖社交的轻商业模式　151

> 与出去参加聚会相比，我还是更喜欢一个人呆在家里。

在日本，一人经济这种孤独经济形态已经司空见惯了，日本的街头到处可见"一人食"餐厅，生意十分火爆。日剧《孤独的美食家》中的角色井之头五郎说："我喜欢一个人吃饭，这样才不会被打扰，可以一心一意地吃东西，全情享受美食的快乐。"我们仔细观察一些日式餐厅就会发现，它们总会用格子间将桌子隔开，让顾客消费时可以不受他人和店员的影响，从而可以安静地享受用餐时光。在日本的一些大学里，很多食堂都设有单人座位，避免陌生人一起吃饭时带来的尴尬。

让我们把目光转向国内，孤独与消费的组合同样成了消费领域的一个热门新风口。空巢年轻人有着自己独特的消费偏好，他们追求个性化，崇尚便捷性和私密性。在他们看来，花的不是钱，而是一种孤独感，孤独让他们对消费充满了无穷的动力，他们在用消费的狂欢实现个体的孤独沉淀。就像法国哲学家鲍德里亚所说："在一个消费的社会里，使用价值已经被符号价值所取代。符号价值才是消费的对象和初衷。"

不妨举一些现实中的例子。假如我们独自去吃海底捞，服务员就会非常贴心地在座位旁放一只大熊玩偶陪伴顾客；呷哺呷哺曾经推出了一种一人小火锅套餐，可以随意加菜，顾客不必担心自己和其他人口味不合而造成就餐的不愉快，这个品牌的股价也因为这一小小的举措不断地上涨。在各大商场里，我们可以看到很多迷你KTV，来自专业咨询公司的数据显示，迷你KTV目前的市场规模已经达到了每年31.8亿元，不久的将来很可能增加到每年70亿元。由此可见，一旦消费从物质实体中脱离出来，转而更注重于符号，孤独经济中对"孤独"这个特定符号的使用就彰显了空巢青年对自己身份的推崇。在类似"一人食"的餐厅和迷你KTV等消费场所，即便是一个人消费也不会担心别人的看法，让空巢青年对孤独不再畏惧。

当然，类似这种日常的孤独消费行为还有很多，比如无聊时"调戏"一下手机里的智能语音助手；在居所养一只宠物陪伴自己，享受铲屎官的乐趣；深夜躺在床上观看直播，为自己喜欢的主播打赏等等，空巢青年用他们对孤独的挚爱让孤独产业变得越来越庞大。

在孤独经济的商家和品牌眼里，空巢青年不仅数量巨大，而且他们拥有较高的可支配收入，消费能力强，思想开放，消费观念与时俱进，有着充足的消费时间。他们崇尚的就是一种悦己型的消费态度，追求性价比和颜值经济等。同时，社会消费升级，数字化、网络化也为孤独经济提供了更为便捷的消费模式。当空巢青年一个人在家时，通过美团外卖、电商平台，足不出户就能轻松完成消费行为。各种电竞游戏和社交平台，让他们在家实现娱乐消费。即便是出行旅游，也可通过同程、携程等 App 在家轻松制定旅游攻略，购买门票，预订酒店。同时，各类生活服务 App 层出不穷，如租房搬家、生活缴费、在线健康咨询等，完全满足空巢青年方方面面的生活消费需求。

当然，任何经济模式的盛行，背后都有着更深层的社会文化在推波助澜。孤独经济的发展同样得益于社会主流文化对空巢青年孤独的认可，就如同对零糖社交文化的认可一样。纵观这几年的影视剧、娱乐节目和社交媒体等，无不在倡导人们追求个性保持独立的特质。一个人的独处不再是落寞，而是一种时尚的小资生活。很多有闲钱和闲时的人都愿意让自己的生活节奏慢下来，远离喧嚣纷扰，像空巢青年那样去享受独处独居的美好时光。这部分人群中，很多都并非单身，可他们依然乐此不疲地追求独处，在一个安静的环境中放空心灵，哪怕是一杯咖啡、一本漫画，就能打发一个下午。正是主流社会价值体系对孤独的宽容和推崇，才让孤独在潜移默化中孕育着孤独经济的发展壮大。

现在让我们来探讨孤独经济有哪些具体的商业模式，当然，这种商业模式和本章所讲的零糖经济商业模式是共通的。在传统的商业模式中，消费对象几乎都是以家庭为单位。孤独经济的消费对象是以个人为单位。日本一些经济学家将孤独经济分为三种模式。

第一种就是我们常常提到的"单身经济"。这里的"单身"是一种狭义的概念，专指不恋爱不结婚的独身主义者。单身经济的种类有很多，其中最有代表性的就是宠物经济。对真正的单身主义者而言，宠物就是他们最好的陪伴对象，可以充当伴侣或孩子的角色。根据艾瑞咨询发布的《2021 年中国宠物消费趋势白皮书》显示，我国的宠物行业规模早在 2020 年就突破了 3000 亿元。而 2023 年，这个行业的产值已经达到了 4500 亿元。宠物经济不但能缓解单身主义者的孤独感，还让这个行业的品牌营销和内容都呈现了多样化的特点。

孤独经济的第二种模式就是"空巢经济",它的消费对象就是广义上的单身青年。他们并非独身主义者,只是目前还处于一个人打拼和生活的阶段。网络化是空巢经济最为鲜明的特征,单独消费是它最为显著的行为特征。在这个信息爆炸的时代,感到社交疲劳的人越来越多,他们只有在一个人消费时才能享受独处的时光。外卖、网购、远程办公、在线课程,网络技术让空巢经济十分便利。以在线教育行业为例,我国目前的在线教育用户已经达到了4亿人,这个数字的背后,无疑就是空巢经济欣欣向荣的写照。

孤独经济的第三种模式被称为"肥宅经济"。何为肥宅经济?专指那些喜欢宅在家里,沉浸在虚拟的网络世界中的青年群体产生的经济效应。这部分青年同样属于空巢青年,但他们是空巢青年的一个极端化群体。和普通的空巢青年相比,他们更加排斥和外界的社交关系,是纯粹的"宅男宅女"。但我们不要小看了这个群体对经济发展的影响力。比如钟情于游戏、动漫和二次元文化的年轻人,他们每年的消费不容忽视。就拿游戏行业为例,早在2020年,中国游戏市场的实际销售收入就高达2700亿元。这也就是前文提到的《黑神话:悟空》游戏一经推出就成为一种经济现象的原因所在。

在孤独经济的三种模式下,年轻人的消费方式越来越自我,只有满足个性化的商业模式,才能真正打动他们那颗崇尚孤独的心灵。而近两年出现的"盲盒消费",无疑就是孤独经济一种成功的商业模式。消费开盲盒,赌的当然不是运气,而是一种我行我素的需求。所以盲盒消费更接近一种体验式消费,目的就是为自己的爱好买单。这些消费行为表面上看起来盲目冲动,实则是现代的年轻人对现实的社交关系充满了失望,想要暂时脱离自己与社会的联系,从而更好地取悦自己。

盲盒消费为何对孤独消费者的吸引力如此之大呢?原因就在于,它带来的是一种新奇和不确定的消费体验，完全满足年轻人追求新奇来缓解孤独的心理需求。多年前的潮流文化品牌泡泡玛特能够崛起，就得益于这种孤独境况下盲盒消费的社会心理基础。它准确击中了孤独人群渴求心灵慰藉的需求，它研发的潮玩产品本身就具有某种社交属性。消费者通过对潮玩的收集与交流，能够建立稳定的社交联系，形成具有相同志趣的社群，从而对孤独感起到一定程度的缓解作用。

在孤独经济的消费模式下，年轻人在崇尚消费乐趣和消费品质的同时，更注重的是消费的性价比优势。这也催生了孤独经济商业模式的一个新趋势，那就是通过迷你包装来降低消费成本。今天的智能小家电越

来越受到年轻人的追捧，就是因为这些智能小家电抓住了年轻人性价比消费心理特征。来自艾瑞数据的统计显示，2023 年我国的小家电市场规模达到了 1900 亿元。

在很多年轻人眼里，这些迷你版的产品不仅包装精致，具有精美的设计感，还充满了可晒性和社交货币的一些属性，能够满足他们崇尚个性美和社交认同的需求，并在一定程度上减轻了他们的孤独感。尤其是这些产品与他们的个人兴趣或社交活动高度吻合时，就越能得到他们的追崇。

孤独经济刺激了线下体验消费的复兴。虽然线上消费是孤独经济最主要的消费模式，但对追求消费场景的年轻人来说，线下购物或线下消费更有助于他们减轻孤独。比如有的年轻人去逛商场，就是为了与销售人员聊天，通过这种方式来建立社会联系。这两年风靡一时的淄博烧烤、天水麻辣烫、贵州村超等旅游项目，其实就离不开孤独经济对线下消费的推动。年轻人在线下实体消费场所的沉浸式消费体验获得的满足感和归属感，是网购无法给予的。

在讨论零糖社交的时候，我们必须承认，孤独是现代生活的一种常态。这个时代的发展速度实在太快，它所带来的忙碌、焦虑、紧张以及人际关系的匮乏，无不推动孤独融入这个时代的经济体系中。当个体更倾向于独自享受自我时光，自由地在孤独的状态中与内心进行美妙的对话，孤独经济涉及的行业必将越来越广，比如音乐、旅游、影视、美食、教育、办公等。

所以，孤独经济不是一种令人悲哀的社会现象，而是一种积极和独特的消费模式与生活方式。事实上，当个体在与孤独达成和解时，他们就已经找到了一种和这个世界和谐相处的方式。换言之，个体不断挖掘自己的个人爱好来满足内心对自由的渴求，而孤独经济正好为孤独的年轻人打开了一扇探索自我内心世界的窗口。随着孤独经济的崛起和不断壮大，我们的生活和消费也会更自由，更多样化。在孤独经济的消费模式中，每个个体的意愿和品位都会得到尊重。

接下来，我们将对零糖社交时代孤独经济的轻商业模式进行专门的探讨，通过这样的探讨，让我们进一步揭开孤独经济的面纱，探索属于我们自己的孤独秘境，并从中体验生活带给我们的一种美妙和神秘的个体力量。

02 缤纷夜校

突然提到"夜校"这个词语,你是否感到有些猝不及防?的确,夜校这个流行于20世纪七八十年代的产物,在今天看来就像一个老古董了。它何以成为零糖社交时代孤独经济的一种突然复兴的产物呢?

几乎就在一夜之间,"白天追光,晚上学艺"倏地就成为今天年轻人的一种新潮流。从上海开始,再到广州、北京、深圳、成都、重庆,夜校这种独特的"复古"夜生活方式迅速在各大城市蔓延。夜校的课程涵盖了妆容、缝纫、器乐、插花、剪纸、手机短视频剪辑、人工智能办公、红酒品鉴等等,五花八门,令人目不暇接,从各方面满足年轻人的兴趣爱好以及提升自我的需求。他们在夜校学艺的同时,因为同样课程和共同的兴趣爱好相聚一室,变成了志同道合的同学和朋友,开辟了一个零糖社交的新领域。

25岁的东北姑娘小张一直在上海读大学和硕士。去年她硕士毕业之后,为了谋求更好的发展,鼓足勇气留在了上海工作,在一家金融单位从事数据统计工作。每天朝九晚六,薪水相对可观,工作强度也不算大,

小张对这份工作还算满意。然而，下班之后小张却感到无所适从。至今单身的她虽然在上海有一些同学，但平时很难聚在一起。因此下班和节假日小张就只能待在自己租的公寓里，感到孤独和无所事事。

为了充实自己的业余生活，消减自己的孤独感，小张曾经做了好几次尝试。半年前，她花高价报了一对一的健身课程，还有一对一的瑜伽课程，但这些课程最后都没能坚持下来。小张表示，下班后连找一个人说话也非常困难，即便是一对一的这种培训，她也很难从教练那里发现共同语言。所以她内心的孤独感越来越沉重，感觉自己的生活非常糟糕。

在读研期间，小张曾经做过一次 16 型人格 MBTI（美国作家伊莎贝尔·布里格斯·迈尔斯和其母亲凯瑟琳·库克·布里格斯共同制定的一种人格类型理论模型，根据 4 个维度，可以划分为内倾型和外倾型两大类，每个类型细分为 8 种性格特征）测试，这份测试的结果表明她有着顶级的外向型性格，必须要通过大量社交活动才能体验到快乐。所以，让她每天独处就会非常压抑，她需要朋友的陪伴才能心情舒畅。

一个月前，小张在浏览社交平台时看到了一家夜校的课程招募公告，她非常兴奋，立即通过电话详细咨询了夜校的课程安排以及上课的时间、地点。小张觉得非常不错，第二天就去报名了。

小张在这个夜校报了两门课程，一门是她最喜欢的插花课程，另一门也是她非常感兴趣的美容课程。每门课程10节课，学费1000元，和先前她参加的天价培训课程相比简直太实惠了。插花课程安排在每周二晚上，美容课程则在周六的晚上。在上了几次课之后，小张觉得非常值得。"在夜校不仅能学到知识，还能交到很多新朋友。所以我觉得夜校的社交属性非常强，和同学们交流时就像回到了学生时代。"

现在的小张和以前相比开朗了很多，因为她下班后的空白时间都被夜校填补得很充实，让她在上海找到了一定的认同感和归属感。这种新鲜的体验带给她的快乐是无以言表的，她不仅在夜校建立了新的朋友圈，还让她觉得在上海工作生活变得更加如鱼得水，即便是工作中偶有挫折，她也能在夜校的生活中让心中的愉悦感得到弥补。

还有一个非常有趣的现象，小张夜校的同学都是清一色的女性，年龄都在35岁以下。她们中间有像她一样的职业女性，也不乏一些全职太太。她们来参加夜校的目的几乎都很相似，那就是拓展自己的兴趣和人脉圈，让自己的业余生活变得更充实。当然，小张和她的同学们也有着相同的忧虑，那就是：一旦1000元阶段的课程结束后，后面该如何继续呢？因为如果一门课程结束之后，如果再继续报名相同的课程，对她来说就失去了意义。所以，小张一直关注这个夜校的同一课程在下阶段的课程设置中会不会有进阶变化，可以让她们的兴趣一直持续下去。但目前看来这非常困难，因为以目前夜校的课程设置和教学实力看，要想让学员更深入地提升某个兴趣，还是非常困难。这也是今天大多数夜校面临的一个共同难题。

和小张 1000 元 10 节课的夜校比起来，在成都工作的 30 岁的小凡为夜校付出的代价无疑要昂贵了很多。她花 5000 元报了由国内某个知名美术学院开设的人工智能设计课，每周六晚上七点半到九点半上课，一共只有五节课。

小凡的闺蜜和她一起报了这门课程，这样两人可以相互结伴上课和回家。她们的目的很简单，就是为自己培养一个新的兴趣爱好。虽然这种兴趣爱好不一定能对事业产生决定性的提升作用。

　　让小凡欣慰的是，人工智能设计课的内容她非常喜欢，在开课的当晚，她为自己设计的人工智能形象得到了老师的表扬。以后每到星期六，小凡就会推掉一切应酬，准时和闺蜜来到夜校。"现在让我觉得每周最期待的事情就是上夜校了，课程设置既新鲜又好玩，还能学到一些基础的人工智能应用经验，我非常喜欢。"

　　这也是小凡人生中第一次体验这种课程，她用了愉快、放松和满足三个词语来总结自己上夜校的感受。让小凡感动和佩服的是，在她的夜校同学中，有一位65岁，两鬓花白的老人。"现在竟然有老年人学习人工智能，他的学习精神让我非常敬佩，他也是在提醒我们年轻人，一定要活到老学到老。"

　　据报道，上海一家民办夜校开办7年之后一直不瘟不火，就在不久前新的课程班报名时，竟然有多达60万的人同时在线抢课，导致报名平台陷入了瘫痪。41岁的李梦就参与了这次抢课。还好，李梦的运气非常棒，她成功抢到了自己最喜欢的插花课程。李梦有自己的工作，下班后还要照顾10岁的女儿，但就算再忙，她也没有落下一次课程。如今插花课已经过半，李梦感受到了一种从未有过的轻松和满足。她说道："每周固定的时间一节课程，和熟悉的同学一起学习交流，老师的态度也非常好，课堂氛围不错。现在我插花的水平越来越高了，通过插花，我把家变得更有艺术感了，老公和女儿都对我赞不绝口。"

　　过去李梦在陪女儿上兴趣班时，也报名参加过瑜伽、书法等课程的培训，但都没法坚持下来。反倒是这次夜校的课程，让她觉得容易很多。"和那些培训机构的兴趣课程相比，夜校的课程更接地气，而且收费也很合理。"两相比较，李梦对夜校模式完全认同。

和小张、小凡、李梦这些夜校的学员目的不同，不少人在面对夜校这个新风口时，希望抓住这波流量，获得经济上的收获。这部分人就是专门为夜校招募学员的夜校主理人。简单地说，夜校主理人为拼团开课，他们会在各种社交平台发布课程招募进行引流，并将流量引入社群，再通过社群的运营找到报名意愿强烈的学员。他们会根据学员的意向落地到每门课程中，等到报名人数达到一定数量时就会开课，并以相对便宜的价格对外出售课程。同时，他们还承担着夜校商务合作洽谈的事务。

作为贵阳第一批夜校主理人，周伟从事这个行业差不多一年了。一年前周伟在社交平台上看到上海、广州这些一线城市夜校火爆，也想在贵阳找一家夜校报名"充电"。遗憾的是，他在网上搜索了很久，竟然发现贵阳还没有一家夜校。周伟立即联想到自己的工作经历和积累的经验，认为这是一个有利可图的新风口，于是决定在贵阳组织夜校。就这样，周伟成了这座城市第一批夜校主理人的成员。

"在经过一番精心的准备后，我便在几个社交平台同时发帖。很快就有人咨询。仅仅几天时间，咨询的人越来越多，让我几乎忙不过来了。"看到自己身边有如此巨大的夜校课程需求，周伟的信心也更足了。为了让课程尽快落地，周伟让自己的妻子和妹妹也加入了进来，和他一起与各个商家和机构洽谈合作事宜。一个月后，周伟组织的第一批夜校课程终于顺利开课了，当时一共有5门课程，每门课程10节课，收费500元到1000元不等。第一批吸收的学员有60多人。

如今，周伟运营的夜校社区人数已经超过2000人，生意火爆时同时有四五个班级开课。虽然周伟从中获取了第一笔可观的报酬，但他不准备将夜校当成一种纯商业的事业来做。"我这个人多少怀着一些公益情怀，在组织夜校之前，我还是蓝天救援队的志愿者。"周伟说，在课程的筹备阶段，他经常会给学员们分享进度，因此学员对他的服务都很满意，并通过社群营销给他带来了很多新学员。

事实上，夜校主理人的工作并不像外人想象当中的那样轻松。周伟就在这个过程中感到十分疲惫。同时，他还必须谨小慎微地面对各种政策上的风险，不得踩红线。"不管怎样，现在我在这个圈子里已经有了一定的知名度，也和很多学员成了朋友，这比从中挣钱更让我感到快乐。"

经过一年的运营，周伟总结了夜校很多不足之处，"毕竟夜校是一个新的事物，并没有可以直接借鉴的对象，所以存在这样那样的缺陷很正常。我只有摸着石头过河，一边做一边纠正。"不过对于夜校的前景，周伟还是非常看好。现在他就希望用最小的成本让那些想要通过夜校提升自我，寻找更多生活乐趣的人得到更多益处。

与周伟全职从事夜校主理人不同，25岁的王雅兰是杭州的一名兼职夜校主理人。大学时王雅兰学的是工商管理专业，大学毕业后就留在了杭州工作。由于工作相对轻松，她有很多可以自由支配的时间。半年前，她从一位从事培训行业的亲戚那里了解到夜校在年轻人群体中间风靡的情况，就接受了这位亲戚的建议，利用闲暇时间组织夜校的运营。没想到她很快就上手了，并越来越热爱这份工作。

但好景不长，一个月后王雅兰就接连被三个学员投诉。她犯的错并不大，只是和学员之间的沟通出现了一些问题，导致学员的课程时间安排不合理。不管怎样，这三起投诉都为王雅兰敲响了警钟，"面对夜校这种全新的商业模式，我又是一个刚入行的新人，所以必须思考如何才能把这件事做得更加长远，如何去规避其中的各种风险。因此我中止了半个月的组织活动，好让自己静下心来思考接下来该怎么办。"

经过半个月的调整，王雅兰重新找回了激情和自信，但在工作时她变得更加小心谨慎了。"我希望运营夜校这份事业能够成为我生命中的一段成功经历，在这份事业中挑战自我，交到志趣相同的朋友，实现富养自己的目标。"

还有一些夜校主理人看重的是夜校的流量红利，在他们看来，组织运营夜校不仅可以收获一笔可观的提成，还能积累很多消费力强的优质客户，只要将这些流量引流到自己的主业，就能够反哺主业。比如从事医美行业的兼职夜校主理人小谭，便从夜校年轻优质的女学员中看到了机会。他的计划是将这些学员引入他的医美行业，或者谋求相亲这个领域，从男性客户那里赚取更多的婚介服务费。

在小谭看来，夜校的流量虽然可观，但这个风口的时间比较短，一般只有一个月左右，因此他每天都在争分夺秒，竭力招募到更多对夜校感兴趣的年轻人。不过小谭认为，现在很多选择夜校的年轻人都是在追赶时髦，真正想要通过夜校获得某种技能的人少之又少。

事实上，沉寂了将近半个世纪的夜校突然复苏绝非偶然，它彰显了今天的年轻人对知识和自我提升的渴望。分析夜校学员的构成情况可知，大多数都是刚踏出校门的大学生和刚刚参加工作的职场"小白"。夜校课堂灯火通明，照亮的是一个全民终身学习的学习型社会。我们应该为一个热衷学习的社会感到欣慰。对那些每天在职场中辛苦打拼，却得不到提升自我机会的年轻人来说，夜校就是一盏点亮梦想的明灯，照亮了他们追求知识，不断提升自我的里程。夜校灵活的课程安排，很好地解决了年轻人学习和工作的时间冲突，让学校变得更便捷和高效。

来自美团和大众点评的数据显示，这些平台上"夜校"的搜索量同比增长了900%，与夜校相关的评论数量同比增长了200%。有专家分析，夜校这个20世纪80年代的古董如今被年轻人追捧，原因至少有三点：第一，夜校和一般的商业培训机构相比，收费更低，性价比高。第二，夜校的课程时间和年轻人的上班时间完美错开，并实现了无缝衔接。年轻人白天处于一种高强度的工作状态,但夜校不仅不会占用工作时间,还会让年轻人从高强度的紧张情绪中得到缓解,成为一种自我调节的放松方式,让年轻人实现工作与生活的平衡。第三,夜校的复兴,折射出今天的年轻人在文化消费方面变得更加务实,他们开始对商业文化定位的消费束缚进行反抗。

如果换在以前,那时的年轻人看到夜校这种文化消费产品时,一定认为这是老年大学的产品,专门为老年人退休生活而准备的;要不就是为正在读书的青少年准备的课堂外的培训。因此他们不会去报名参加夜校的课程。但是,今天的年轻人在追求自我提升的过程中,勇敢地打破了这种所谓的"市场定位"的消费限制,即便是面对老年大学或者老年食堂以及现在的夜校,他们也非常感兴趣,乐意去尝试。这是一种反消费主义,让年轻人的文化消费行为回归品质、效果等根本问题,而不再为所谓的追求时髦或商家对培训的商业包装买单,拒绝被华而不实的天价文化服务"割韭菜"。

当然,也有人质疑,夜校这股突然掀起的热潮究竟能够持续多久?当越来越多的人抱着跟风的心态而不是学习和自我平衡的目标就读夜校时,它会不会变味变质?夜校就像是成年人的兴趣班,除了满足成年人最基本的兴趣爱好,它真的能让学员的兴趣或特长得到质的飞跃吗?当夜校变得越来越普遍的时候,会不会出现鱼目混珠的情况?这些,都是夜校经济正在摸索和亟待解决的问题。

事实上,要想守住这波夜校的热度,让夜校得到可持续的健康发展,关键在于夜校经济的从业者不能盲目地为了追求流量和热度跟风投资夜校经济,更不能因为竞争恶意降低或抬高就读夜校的门槛。年轻人之所以对夜校情有独钟,最根本的原因还是它的性价比吸引力。因此,不管是夜校主办机构,还是作为中介的夜校主理人,想要快速获得热度和流量，一方面必须保持较低的门槛，另一方面还要让办学内容和质量都得到保证。如果单纯是为了获取经济利益，盲目地投资夜校经济，就会让夜校机构"猝死"，阻碍夜校经济持续健康的发展。

要知道，夜校经济并不是一个赚快钱的行业，它需要从业者具备高度的社会责任心。在把握年轻人诉求的前提下，不断地创新，提升夜校的教学质量。所以，夜校从业者要有一种服务年轻人的初心，不断在满足年轻人精神文化需求的地方进行投入。在经过市场优胜劣汰的考验之后，夜校经济的生态最终会构筑一道符合市场规律的准入门槛。在这道门槛面前，那些不具备办学资质、盲目跟风的机构将会被拒之门外。

不管怎样，在零糖社交方兴未艾的时候，夜校经济作为一种孤独经济特殊的产物，它的复兴无论对年轻人，还是对整个社会都是一个积极的信号。在此，但愿每个选择就读夜校的年轻人和每个夜校的从业者，都能通过自己的努力，在夜校课堂璀璨的灯光中实现新的自我价值。

03 快闪市集

快闪,作为一种全球流行 20 多年的嬉皮化行为艺术,我们并不陌生。这种无组织、有纪律、只有参与者没有发起者的行为艺术,折射出了年轻人强烈的冒险心理,通过参与快闪来锻炼自己的胆量和勇气,释放内心的压力,让自己变得不再内向,从而建立自信。单就它的形式而言,和零糖社交的某些形式,比如搭子文化有着共通之处。

但快闪市集的突然出现和迅速火爆,让很多人始料未及。这种零糖社交的轻商业消费模式,让孤独经济的年轻化、个性化以及时尚化毫无保留地展现出来。

所谓的快闪市集,就是一种短暂的、流动性很强的市场消费活动。它的特点就是,在某个特定的消费场所或时间内举行,持续时间短,主要以特色美食、手工艺品、创意产品和时尚服装等为主要的消费商品,吸引大量的年轻群体前来消费。快闪市集是孤独经济体系中消费结构升级重塑,市场年轻化和网红化的必然产物,它集眼球经济、潮玩和年轻圈层为一体。相比于过去年轻人追捧的音乐节、Livehouse 这些集消费场景和社交场景于一体的消费模式,快闪市集主打一个"新"字和一个"快"字。各式各样的新式市集在各个大城市不断涌现,凭借新潮的名字,不同品类的商家和乐队等丰富的表演和经营形式,让年轻人在快速消费中满足自我需求,释放个性,节约消费产生的时间成本。

快闪市集的经营摊主,有很多都是独立小众的品牌主理人、社交平台的潮流 KOL(关键意见领袖)或文化艺术领域的知名博主。前来赶集的年轻人,通常会提前穿搭符合自己个性的服饰,尽量让自己在人群中变得与众不同。因此,和人们逛传统市集只是为了购物比较,快闪市集是零糖社交体系下的一种社交场景,年轻人来这里的主要目的不是购物消费,而是为了打卡,顺便尝试或带走一些新鲜的东西。他们在这里获得的是一种"社交货币"。

毫无疑问,快闪市集在今天已经成为一种聚集差异化消费内容、主题场景复合体和探索商业空间创新的新领域。它有着无比广泛的适用性,并慢慢衍生出了种类丰富、形式各异的赶集新玩法,为年轻人营造了别具一格的烟花气息和潮流生活氛围,让孤独和追崇自我的年轻人得到了一隅安心之处。

那么,快闪市集究竟可以分为哪几种类型呢?通常来说,它是由生活方式类市集、社交体验类市集、小众文化类市集和创意美食类市集构成。

生活方式类市集往往通过吸引生活方式、美食餐饮、宠物消费以及户外运动等品牌的入驻摆摊,带来一些充满生活灵感的创意商品,通过举办独立艺术家展览、手工制作、现场娱乐表演等丰富多彩的活动,给喜欢小众和潮流的消费者提供美好生活方式的范本,创造一个融合原创、现代感、设计感、时尚感和以社群为一体的消费空间场景。

生活方式类市集除了需要在主题营销的独创性上有所建树,还需要对充满话题性的体验内容进行设计打造，这样才能吸引更多年轻潮流客群赶集，并在各大社交媒体上形成现象级、公众性和延续性的话题，形成一种新型的城市生活方式部落。

社交体验类市集往往以独具特色的手工制作产品来吸引人气，同时还会会聚街头文化的各种文身、脏辫，融入充满西方神秘色彩的塔罗占卜术。看似故弄玄虚，实则可以激发消费者的好奇心，让他们在赶集时驻足体验、购买和打卡。在社交体验类市集上，还经常可以看到各种有趣的活动，比如复古科技展、脱口秀表演、机械狗、咖啡品鉴和戏剧体验。这些环节既可以让年轻人近距离感受到科技与艺术相融合的魅力，也能让他们通过这种深入的场景社交模式体验各个圈子派对的欢乐。

随着社会结构的分解越来越精细，小众文化已成为零糖社交体系中一种全新的消费趋势，很多商业体和品牌都主动将注意力放在了充满消费爆发力的小众文化的消费打造方面，这样一来，可以让那些拥有相同爱好的年轻人引发共鸣。市集同质化日渐严重，如何通过垂直的精细区分去深入挖掘年轻人的爱好呢？就是在为他们提供差异化的消费内容时，还要让品牌和他们建立更为紧密的情感连接。

毫无疑问，美食是人类共同的爱好。在创意美食市集上，我们可以引进一些广受欢迎的美食品牌，让品牌和消费者的距离变得更短，让整个区域的客群都能在市集中便捷地体会美食带给生活的美好。同时，创意美食类市集以地域文化作为基础，融合一些文化、车尾箱市集等元素，让赶集的年轻人可轻松品尝不同地域的美食。

最近，在深圳工作的楚楚几乎每个周末都会出现在不同的快闪市集。在快闪市集出现之前，楚楚将大量的假期和空闲时间都消耗在了各种应酬方面，要不就是同事和朋友的聚会、喝酒、K歌，要不就是陪客户消费。这些都让她感到厌倦。而快闪市集在深圳不断涌现，让楚楚觉得自己换了一种活法，不再为没完没了的社交应酬烦恼。即便是有摆脱不了的应酬，她也会尝试将对方带到这些新型市集中，和她一起体验不一样的新鲜感。

音乐学院毕业的楚楚是一个喜欢追赶潮流的女生。在去不同的快闪市集之前，她总会花好几天的时间来挑选和搭配适合这种市集风格和主题的着装，比如要去逛复古市集，她就必须主打复古穿搭；要去更时髦有趣的市集，她就要让自己的穿搭充满多巴胺的色彩。

除了在穿搭方面非常考究，楚楚经常在各个社交媒体上搜索快闪市集的介绍并制定好游玩攻略。"我最在乎的就是这个市集有没有明星摊主，比如在小红书或快手中我喜欢的人气博主，或者在抖音上走红的独立设计师。同时，我还会提前了解市集的场地情况、摊位布点情况等等，这样就能为拍照做好准备，更省心省时。如果遇到需要购买门票的市集，只要是我想去的地方，我肯定是最早抢到票的那个人。"

26岁的楚楚当之无愧成了朋友眼中的逛集达人。自然，逛快闪市集已经成为她生活方式中最重要的一个部分。以前她经常会参加音乐节或Livehouse，追求的其实就是一种热闹。但现在逛快闪市集，更多的是让自己享受独立的个性时光。深圳的大部分特色市集，她都已经逛过，有的地方甚至去过几次。如果时间充裕，她还会去广州、香港这些邻近的城市打卡，体验不同地方快闪市集的文化氛围。

当我问及楚楚最喜欢的快闪市集类型时，她回答道："自然是文创市集和美食市集。文创市集非常好玩，经常偶遇很多我喜欢的KOL，他们也总是乐意接受我的合影要求。这些照片一旦发布在我的社交媒体账号上，更容易得到很多粉丝的青睐。我是一个吃货，美食市集可以满足我的味蕾。我最喜欢逛的就是咖啡市集和烘焙市集，因为平时我就喜欢喝咖啡、吃面包。但很多我喜欢的独立咖啡品牌和烘焙店都没在一个区域，要想品尝它们非常麻烦。而在美食市集上，这些品牌几乎可以同时出现，让我一次性地品尝，节约了很多时间。"

每次逛完快闪市集，楚楚就会详细生动地写一篇笔记，并精挑细选一些现场照片，在微信中晒出"九宫格"。她承认，这种做法有炫耀的成分，但她并不希望得到所有人的认可和羡慕，而只是希望通过这种方式彰显自己的兴趣和个性。

和楚楚一样，在上海工作的佳芸也喜欢逛咖啡市集。只不过，佳芸对快闪市集的苛刻程度远非楚楚可比。她对一些文创类市集兴趣索然，因为这些市集上的商品在网上很容易买到，而且这类市集赶时髦的人太多，去了也只是凑个热闹。相比于这些好玩的市集，佳芸更钟情于那些咖啡市集。"我逛咖啡市集，不只是单纯地去品尝咖啡，而是喜欢与这些独立咖啡品牌的咖啡师或主理人聊天交流。这种交流会让我对咖啡文化有着更深刻的认识，也会让我感到愉快。所以，对我来说，逛快闪市

集其实就是一种社交消费。"

在一些稍具规模的咖啡市集上,佳芸还会经常邂逅一些外地的独立咖啡品牌,如此一来,既可以品尝不同风味的咖啡,还能认识不同城市的咖啡文化。不久前,佳芸逛了一次在黄浦江边的咖啡市集,品尝了30多种不同品牌的咖啡。时至傍晚,她一边沐浴着江边的夕阳,一边和自己刚刚认识的咖啡师闲聊,那一刻,佳芸觉得自己不是在逛市集,而是在参加一次咖啡人的行业聚会。

在抖音、微博、快手和小红书这些社交平台搜索"快闪市集",可以看到很多年轻人参与讨论。仅仅是小红书上,关于"市集"的笔记就超过了160万条,与"市集打卡"等关键词相关的笔记高达17万条。其中有4万多条笔记和"杭州市集"有关,有5万多条笔记和"北京市集"有关。这些都足以说明,今天的年轻人已经热衷于赶集,并在市集上玩出了层出不穷的新花样。

在这些社交平台上，可以查找到每个大城市快闪市集的信息汇总、不同城市市集的穿搭攻略以及打卡攻略。在一些社交媒体平台甚至出现了"寻找市集搭子"的招募，很显然，快闪市集已经成为这代年轻人零糖社交的一个新阵地。

既然快闪市集的消费红利已现，那么谁又在主导和享受这个新风口的红利呢？让我们将目光转移到快闪市集的摊主身上。对此，我又访谈了一位在成都的独立咖啡品牌主理人，他的绰号叫耗子，是我一位合伙人的儿子。2022年大学毕业之后，他就在父母的资助下开创了这个咖啡品牌。除了经营咖啡，他还卖一些年轻人喜欢的鲜榨水果饮品。我曾经去过他的店里，那是一个不到20平方米的小店，除了操作间，剩下的空间只能摆三张桌子。

从开始准备创办这个品牌的时候，耗子就没有想让自己的店变得很大，因为他将运营的重心放在了社交媒体的经营以及线下市集的开拓上面，这是他的品牌吸引客流的两个主要渠道。

耗子的社交账号上，详细记录了自己开创这个品牌的心路历程，将他的灵感和小店的装修风格生动地公开，同时他还会经常更新自己咖啡品牌的制作过程，介绍一些新的饮品口味。这些举措让他赢得了粉丝们的信任，也为他的品牌培养了忠诚度。目前他的账号粉丝量已经突破了10万人。

每次去市集摆摊的前几天，耗子都会在自己的社交账号上发布行程安排。很多粉丝距离他的门店很远，专门来一趟买一杯咖啡性价比不高，但如果是在交通方便的快闪市集，比如在人流量集中的商圈，让这些粉丝来和自己偶遇一次就会方便很多。

对耗子来说，去快闪市集摆摊虽然可以为品牌引流，但真正做起来一点都不轻松。除了要提前准备摆摊时现场制作的器具和原材料，还要准备好摊位的各种搭配，比如装咖啡的杯子、极具特色的桌布、彩灯、二维码、印有 logo 的包装袋和小礼品等。同时，如何穿搭也是一件非常考究的事情。"来逛市集的粉丝都是非常时髦的年轻人，我不能在他们面前丢了范儿。因此我的穿搭必须符合自己的品牌定位。"

耗子经常摆摊的市集有两种类型：一种就是以玩乐为主的市集，这种市集人流量大，人气高，很容易增加自己品牌的知名度，实现引流的目的；另一种就是专门的咖啡市集，这种市集虽然相对小众，但来逛的都是喜欢喝咖啡的人群，来摆摊的都是同行。这样一来，他就可以得到更多和粉丝直接交流的机会，还可以向同行取经，共同进步。"对我来说，并不看重每次摆摊能卖多少杯咖啡，我更希望交到更多志趣相投的朋友。无论是给前来品尝的客人介绍自己的品牌，还是和同行交流经验，都比一次摆摊挣多少钱更有意义。"

在一次潮玩市集摆摊时，耗子结识了一位叫文萱的女摊主，她是一位文创博主，在抖音和小红书上拥有较高的人气。她卖的产品主要是来自国外的一些小众品牌餐具，比如一些很有特色的碗、餐盘和水杯等。为了淘到这些商品，文萱有时要花一年半载的工夫。正是因为她的这份执着，让她的产品在社交平台上非常畅销，在线下的市集摆摊时，也经常受到年轻人的喜欢和追捧，往往都会在短时间被一抢而空。耗子说，他最欣赏文萱的就是她对粉丝们的真诚的态度。如果是她喜欢的餐具和粉丝产生了共鸣，她会因此开心好几天。

事实上，正是因为有了像耗子和文萱这种独立品牌的经营者经常参加快闪市集的摆摊，才促使了快闪市集经济的斑斓多姿和欣欣向荣。表面上看，快闪市集是一个偏小众的商业模式，或者说，这些来市集摆摊的独立品牌经营者做的都是小生意。但正是许许多多这样的小生意，让快闪市集成为孤独经济模式下一种不容忽视的力量，甚至可以将它做成一门充满社会影响力的大生意。

伴随着快闪市集风潮的兴起，各大一线城市都出现了具有代表性的市集。比如上海，目前至少有20个具有规模和知名度的市集在同时进行，其中颇具特色和人气很高的市集有：位于新天地太平湖绿地的上海科菲生活节、静安市场的跳蚤市集、BFC金融中心的明日清醒微醺市集、安义夜巷、大学路后备箱市集、首尔夜生活网红市集等。

这些拥有自己特色的网红市集，现在已经开始效仿音乐节，开始尝试在全国各地巡回开市。比如杭州的某个主打复古的市集，因为其形成了统一的市集风格和多元化的潮流玩法，已经走出杭州，开始在上海、重庆、成都和南京等城市出现。这个市集无论在哪个城市出现，摊主和赶集的人都会搭配出复古造型，市集的店铺阵容也是以全国各地的复古品牌为主。为了增加市集的玩法和乐趣，除了摆摊逛摊，这个市集还会举办限时拍卖会、摇摆舞以及live表演等活动。

这个复古市集和绝大多数市集免费入场不一样，它会向逛集的人收取60元左右的门票。即便如此，在各大社交平台上，这个市集的门票一直很抢手。很多知名的KOL、网红都会前来捧场，可以说每一次开集都会聚集无数潮人。

只不过，并非每个快闪市集都像杭州这个复古市集一样成功。市集的兴起同样带来了鱼目混珠的反面事例，年轻人在赶集时"踩雷"的事情不断发生。一些慕名前往某些网红市集的年轻人就非常不满，认为很多购买门票才能进去的市集都让人失望，里面的内容根本不值门票的钱，和那些免门票的市集没什么区别，东西甚至卖得更贵。除了赶集的消费者抱怨，不少摊主也无奈地表示，一些市集的主办方特别不靠谱，经常出现撞品的情况，要不就是客流量少得可怜，卖的钱还不够交摊位费。

快闪市集不仅是城市名片，也是商业孵化器，市集形式多样，可大可小，大如那些主题市集，功能齐全，商家和品牌众多；小似只需要几把座椅或一些简单的道具，就能布置出非常文艺范儿的市集氛围。未来，快闪市集的主题将呈现出精细化、潮流化、社交化、国际化、创意化特征，前来摆摊经营的品牌摊主必须具备一定特色或话题度，这样才能引来流量，并为市集的活动增添更多的互动性与趣味性。可以说，在快闪市集的轻商业模式下，每一片被激活的城市空间，都能孵化出一个创意市集。

不可否认，快闪市集的井喷式发展为消费者提供了一个全新的线下消费及社交空间。对初创品牌尤其是线上品牌而言，市集能够以最直接的形式帮助品牌实现消费者触达，是天然的品牌孵化器。尤其是一些注重生活方式与美学的市集已成为不少新消费品牌走到线下的最佳选择。在市集举办前期，品牌如果能够借力社交平台宣传实现前期推广，再通过线下市集的受众的追捧，就能有机会借力迅速打开市场。

然而，我们也要看到，随着国内各大城市快闪市集数量的迅速增加，市集的很多弊端也暴露出来。比如，市集内容趋于同质化、形式不稳定、运营缺乏经验、人气不足等等，这些都成为阻碍快闪市集商业价值发展的重要因素。

针对这些问题，我们不妨从国外一些成功的市集中借鉴经验，寻找灵感。在欧美发达国家，创意市集早已成为一种成熟的商业形态，它的存在不仅能够拉动地域经济的增长，还可以为城市增加特色，变成一座城市的旅游名片。类似英国伦敦的Camden Town、Ridley Road Market、日本的高端市集HillsMarché in Ark Hills等，都有很多值得我们学习的地方。

比如欧美国家城市中这些创意市集，非常注重人与人的社会关系、人与地域的归属感。市集就好比一个连接点，将一个城市或一个地区的街区文化与居民的消费特点串联起来。比如伦敦的Camden Town就是朋克摇滚文化的起源地，Camden Town这个街区享有"朋克摇滚朝圣地"的美名。因此，这个街区的街边店铺与市集的界限被有意打破，做了不同主题区域的划分。Camden Lock Village的店铺以服装和配饰消费为主，Camden Market则经营一些潮女喜欢的时尚挂件，Inverness Street Market则是水果和纪念品的购买区域，Stables Market经营家居和古董生意。每个分市集各具特色，经营时间和经营模式都不相同，在精神层面凸显了"朋克"的主张，正因为如此，Camden Town市集才成为伦敦旅行的一个特色标签。

泰国的市集同样充满了浓郁的地域风情。由于泰国的旅游文化和美食文化一直非常发达，当地的创意市集的主要形式都是针对国外游客的大型市场。其中最著名的就是曼谷市郊的Chatuchak，游客们在这里可以购买到当地的手工制品、特色服饰、小吃以及其他充满地域风情的生活用品。这些属性让Chatuchak成为东南亚最大的创意市集之一，也是亚洲重要的二手古董市场。

但看看国内的各种快闪市集，无论是知名度还是拥有的独立IP效应，都还有很大的成长空间。不过，这些我们都能理解，毕竟快闪市集在中国的大城市出现的时间还非常短。只不过，越是在这个成长初期，我们更应该保持市集在空间及时间上的固定性，并尽可能打造不同市集之间的差异化特色，如此才能让市集的商业价值得到保障。

所幸，伴随着市集的兴起，近年来不断有专业市集运营团队出现，他们通过专业和更符合市场需求的运作，在赋予市集品牌营销属性方面进行尝试。比如，有些运营团队会在常规市集的基础上延伸出各种新颖的运营打法：有人与商业地产一起共同打造市集快闪店，有人擅长结合市集主题策划和组织相关的社群活动，有人还会有意识地为主题市集孵化子品牌等等。

此外，一些地方政府或行业协会面对快闪市集的新风口，也会主动作为，牵头组织咖啡市集、圣诞市集、宠物市集等针对不同圈层消费者的市集，打造符合地方特色的市集文化，并在政策上给予大力扶持。待时间成熟，地方政府在为消费者打造线下社交空间的同时，还进一步为市集赋能，在市集上举行大型的展销会，让市集商业与城市空间实现更深层次的互动和对话。

毫无疑问，面对未来，市集的发展还有更多的可升级空间。随着未来市集经济在创意、模式、管理上的进一步成熟和迭代，我们有理由相信，快闪市集必将为各地生活增添更多独特的城市底蕴，为地方经济的发展做出贡献。

04 i人民宿

何为 i 人？i 人就是指性格内敛、内向，不善交际的人。i 人的概念来源于 MBTI 人格测试，其中"i"代表内向（introversion），与外向（extraversion）相对。

因为性格内向，i 人通常都会对社交行为感到不适，他们更愿意独处，一个人思考，在相对独立的状态处理某件事情。他们不愿意向别人表达自己内心世界的真实想法，经常会先听别人怎么说，观察别人怎么做，然后经过深思熟虑之后才发表自己的看法，做出自己的决定。

换言之，i 人也可以被视为一种社恐群体，我们可以将由 i 人群体形成的经济现象称为 i 人经济，它本质上是孤独经济的一种形式。由于 i 人在社交媒体和在线平台上活跃程度高，因此在现实中对个性化、私密化和舒适度有更高的要求，这就是 i 人经济相对于其他孤独经济形式的特点所在。

i 人经济的核心特点在于其高度个性化的需求和对私密性的追求。由于"社恐"人群在现实生活中可能较为避免社交活动，他们更倾向于

通过互联网和社交媒体进行交流和购物。这种趋势推动了在线平台和个性化产品的需求增长,例如定制化的商品、私密性强的在线服务以及专注于提供舒适体验的产品和服务。

i 人经济对社会和市场的影响主要体现在以下几个方面:首先,它推动了个性化产品和服务的市场需求,促进了定制化经济的发展;其次,由于"社恐"人群在社交媒体上的高活跃度,也促进了社交媒体平台的增长和个性化广告的发展;最后,这种经济模式对市场策略提出了新的要求,企业需要更加注重个性化服务和用户体验,以满足这部分消费者的需求。

i 人经济的未来发展趋势预计将继续增长。随着互联网技术的不断进步和个性化需求的增加，"社恐"人群的市场份额有望进一步扩大。同时，企业也需要不断创新，提供更多个性化的产品和服务，以满足这一群体的独特需求。此外，随着社会对"社恐"人群的关注增加，相关的政策和支持也可能出现，进一步促进 i 人经济的发展。

由此可见，i 人受性格影响，无论是社交还是消费，更愿意接受零糖模式，于是才有了前文提到的"向山野去"的行为。当他们想要放松自我，缓解孤独或紧绷的神经时，就会一个人出发，寄情于山水之间，享受独处、静谧的自然风光。他们对孤独的理解，往往会比其他人更深刻。就如同《在西伯利亚森林中》所描绘的："我离开是因为生活像勒紧的衬衫领，让我感到窒息。我离开是因为尘世的喧嚣淹没了我，时间的紧迫让我感到茫然。我渴望缓慢、简单而又奇特的生活。保持本质，但你不能保持本质。"i 人就是如此，希望在生活与生存之间明确一道界线。

还是如同《在西伯利亚森林中》所言："我在这里体验未知的东西，空旷、寂静、孤独。在城市里，时光匆匆弃我们而去，在这里，时间静静流淌。在这里，才是真正地活着，如此有活力。"

因为 i 人喜欢独自逃离城市，遁迹山水之间，这才孕育了一种新的轻商业模式：i 人民宿。简单地说，i 人民宿就是开设在景区或景区附近的单人民宿，它所处的环境相对安静，价格相对低廉，但性价比优势绝对突出，可以满足 i 人在旅行途中的居住和休憩功能。从根本上来说，i 人民宿就是零糖社交体系下一种 i 人经济形式。它也是孤独经济的一种形式。

为了迎合 i 人的旅行需求，现在几乎每个著名的景区都有为他们量身定制的单身民宿。36 岁的山东女子珠珠两年前遭遇了丈夫的背叛，毅然结束了这段长达 12 年的婚姻。离婚后，两个孩子都归丈夫抚养。珠珠决定换一种生活方式，尝试从离异的痛苦中解脱出来。在经过一番深

思熟虑的考量之后,她决定拿出自己所有积蓄,回到老家某个景区做起了单身民宿生意。她租下了景区附近一座农家四合院,经过一番改造之后,共有12个房间。珠珠以星座为主题,将这些房间打造成了十二星座 i 人民宿,可以提供短租和长租服务。

当珠珠做出经营 i 人民宿的决定时,遭到了家人和身边朋友的反对和质疑。在他们看来,这个景区虽然冬暖夏凉气候宜人,但毕竟不是热门景区,在这里搞民宿风险极大。况且,珠珠还将民宿定位为 i 人单身民宿,限制了本就不多的客流。这种小众化的民宿经营很难盈利和持续经营。

珠珠的性格外柔内刚,她认为自己就是一个标准的i人,不喜欢浮躁,排斥喧嚣烦琐的社交活动。因此,她非常理解i人的精神需求和消费主张,并从中预见到了潜在的商机。"那时我刚刚离婚,想要离开城市生活,找一处有山有水的清静之地疗伤自愈的愿望非常强烈。我从小在五莲山长大,对这里的环境非常熟悉,在我看来它就是最适合i人放松和自愈情绪的地方。既然我有这种观点,相信其他i人也会和我有同样的认知。"

正如家人和朋友担心的一样,珠珠的i人民宿在运营初期就遭遇了客荒,民宿的空置率居高不下。不久之后又遇到了疫情,更是让珠珠的生意举步维艰。珠珠一次性交了7年房租,民宿由她亲自打理,疫情期间她辞退了两个保洁,一个人难得清静地住在民宿,离婚的伤痛竟然慢慢愈合了。

"那段时间,我经常一个人登高远眺,在起伏的林海涛声中感受自己的内心。我几乎把所有精力都用来布置我的民宿,因为我相信疫情之后旅游行业一定会触底反弹。这期间我对民宿的很多细节进行了改造升级,在院子里种了很多花花草草,还增添了一些符合i人性格特征的IP。"

果然,疫情结束后,全国各地的旅游行业开始回暖。历经疫情的都市人对健康的认知和理解更为深刻,很多人开始追求原始、自然的旅行生活,珠珠老家的景区客流量明显多了起来。尤其是夏季,很多人举家来此避暑,民宿更是供不应求。在这样的背景下,珠珠的i人民宿同样获得了第一波流量红利。因为她精准独特的定位,不断吸引来此旅行的i人入住。

因为同为i人,珠珠和她的客人们有着相似的性格、爱好和经历。她亲自给每位客人煮茶、做饭,邀请他们一起在种满蔷薇的院子品茗饮酒，毫无戒心地聊生活，聊未来，互相倾诉喜怒哀乐。渐渐地，珠珠的i人民宿竟然变成了一个让i人流连忘返、难以割舍的精神家园。她和很多客人都成了朋友。这些客人离开之后，将自己在珠珠民宿里的美好经历分享到他们的社交平台，进一步为珠珠引来了新的流量。

珠珠说，她的民宿从不在美团、携程上开通预订服务，现在她的客源基本都是源于老客户的推荐。"这种感觉非常完美，一旦i人进入了我的院子，就暂时告别了都市繁复的快节奏生活，所有的东西都变得美好而简单。他们可以在这里喝茶、听雨、抚琴、对弈、小酌、拾花、读书、侯月、寻幽。只要他们同意，我会将每个人的故事记录在一个特别的小册子上。我相信，多年之后，发生在我民宿里的故事，完全可以拍成一部动人的电视剧。"

"开荒南野际，守拙归园田"，很多像珠珠这样的i人民宿经营者，都有着这样相同的梦想。在经营民宿之前，他们都曾经在大城市里打拼过，甚至实现过财富自由。但因为孤僻的性格、坚守独立的自我，他们放弃了大城市的事业和生活，独自归隐山野，低调而幸福地为i人打造一处精神驿站。

42岁的张小俣原本在深圳做工程搞投资。在深圳这座寸土寸金的城市，为了挣到更多的钱，20年来张小俣不得不每天重复相同的事情：推杯换盏，觥筹交错。直到三年前他的身体终于不堪重负进入了重症监护室。尽管此时的张小俣已经在深圳拥有了三套房，有一个贤惠的妻子和一对已经大学毕业的儿女，但张小俣对城市的厌倦情绪越来越重。迫于身体和精神的双重压力，他开始盘算在财富自由的情况下，如何过上一种更惬意健康的隐居生活。

但此时因为两个孩子的工作问题，妻子对城市生活仍然难以舍弃。张小俣好不容易做通了她的思想工作，提出了自己的归隐计划，回到妻子的老家四川眉山，找一个可以避暑的景区经营民宿。为了让这个计划更好地落地，三年来他和妻子辗转全国各地的知名景区，考察体验这些地方的民宿和酒店。有了这些考察经历，张小俣夫妇对民宿的经营模式形成了比较系统的认知。

然而，张小俣夫妇打算做民宿的这个景区，已经非常成熟，知名度也很高，每年暑假都会吸引成都周边的无数家庭前来避暑，景区的酒店和民宿都已经达到了饱和状态。如果盲目投资，成功的机会有些渺茫。这时，张小俣结合全国各地考察得来的经验，终于找到了一个剑走偏锋的空白点：他发现景区所有的民宿和酒店，经营的对象几乎都是以家庭为单位，而缺乏的正好是单身民宿。

"在筹备我们民宿的时候，我和妻子对景区所有的民宿和酒店都做了非常细致的研判，我们发现，虽然这些酒店和民俗也设有单人间，但他们对外宣传推广的主题都是家庭度假。试想一下，如果你是一个单身族，前来这里避暑，你想要和那些幸福美满的家庭同住一个酒店，一座民宿院落吗？那样岂不让自己形单影只，让自己的内心更失落？所以，我们有必要为这些只身出行的旅行者打造一座专属的民宿。"说起当初自己将民宿定位为 i 人民宿时，张小俣仍然感慨万千。

确定了经营的方向，接下来就是在景区选址和寻找房源的问题。张小俣原本计划将深圳的住房卖掉一套，在景区找个地方，按照自己的设想定制修建一座民宿院落。但这个景区并不允许私人买地建房。张小俣只好退而求其次，花了300多万元从当地农民手中买下了一座已经处于半荒废状态的农家小院。接下来就是对这座小院的重塑改造，这个过程张小俣又花费了差不多100万元。

终于，半年之后，一座风格古朴典雅，但又不失格调的 i 人民宿按照张小俣的想法诞生了。面对自己亲手打造的作品，张小俣非常开心。

他将民宿的价格定位为中高端产品，在这里住一晚的价格，甚至比景区唯一的五星级酒店还要贵100多元。他的高价策略一开始就遭受了质疑，正如有人在他在社交平台发布的民宿测评帖子下面的评论一样：花五六百一晚在一个农家小院躺平，真的值得吗？还不如住五星级酒店更舒适，性价比更高。

但张小俣对此很有信心，他说道："单身i人的消费态度和家庭消费态度完全是两个维度，在经济形势不好的情况下，家庭消费首先要追求性价比。但单身i人崇尚的是悦己消费，他们没有养家糊口的负担，旅行出游只是为了寻找自我，所以他们追求的是体验感。只要体验感到位，就不会过多地在意价格。"

当然，张小俣这座i人民宿，也是完全参照了景区这家五星级酒店的标准，在品质方面不存在问题。同时，他还在民宿里注入了五星级酒店没有的i人元素，让民宿的主题和风格更能引发i人旅行者的共情。事实证明，张小俣的定位没有偏差，这座民宿从一开始就深受单身旅者们的青睐，无论寒暑，都处于一房难求的状态。

夏可纳凉，冬能赏雪，i人一年四季在张小俣的民宿里可以获得不同的体验。坐在房间超大开放式花园露台上品茗，沐浴清新的山风，呼吸新鲜的空气，眼前就是一片层峦叠嶂，鸟语蝉鸣，让人在享受归隐山野的惬意中彻底忘记身外的纷扰。不仅如此，张小俣还在民宿里定期举办不同主题的小众沙龙，既为这些单身旅人增添了旅程中的艺术情趣，还为他们提供了一个优质的社交场所。这些活动也让张小俣和他的民宿的名气在社交平台上越来越响亮，现在经常就有成都的各种协会或机构联系他，想要在他的院落开展圈层活动，但都被张小俣婉拒了，因为他不想自己好不容易为i人打造的这座旅行的精神家园被更多的商业活动侵蚀。

"现在归隐山野之后,我才发现,其实自己需要的东西并没有那么多。以前曾经难以割舍的名利和财富,现在都已经无足轻重了。"张小俣的两个孩子都已大学毕业,他们在深圳找到了工作。张小俣虽然还处于创业初期的打拼阶段,但他已经为两个孩子各留下了一套房,也算解决了他们的后顾之忧。现在,张小俣最大的感受就是物欲少了很多,身体重新充满了活力,而且还通过经营民宿结交了一些更纯粹的朋友。

对年轻人,尤其是怀有社交恐惧症的 i 人年轻群体来说,民宿消费就是一种为追求情绪价值买单的消费行为。他们希望在一个安静僻壤的地方来一次疗愈旅行,体验一下不同于城市的慢生活。正如一些经济学家分析的那样,情绪价值才是驱动消费流量的最大动力,今天旅游的大趋势已经从观光旅游、体验旅游进入了第三个阶段——度假旅游。这也是民宿数量近年来如雨后春笋增加的原因所在。尽管目前 i 人民宿在民宿经济中所占的比例并不高,但它毕竟是一次对民宿经济的精细化定位的成功模式。

i 人民宿除了在各大景区崭露头角,现在还出现在了大城市郊外的乡村旅游景区中。和景区度假不同,乡村旅游是最近几年才流行的一种"轻度假"模式。相对于景区旅行更耗费时间和成本,乡村轻度假无疑更灵活便捷。对 i 人来说,无论是去远离都市的景区度假,还是在以都市为邻的乡村来一次周末游,他们的诉求都是相同的,都是希望能够找到一个"栖息"的地方。只要 i 人民宿能够始终把握他们的内心需求,把握民宿经济的市场趋势,在未来就一定能够长青不衰。

05 小众沙龙

"沙龙"这个词语最早起源于意大利语"Salotto",是法语"Le Salon"的音译,本意是指法国贵族人士住宅中的豪华会客厅。从 17 世纪初期开始,巴黎的名媛贵妇经常将自家的会客厅变成高端的社交场所,能够参加这种社交活动的人物,都是著名的戏剧家、音乐家、作家、诗人、评论家或哲学家等。他们有着相同的志趣,相聚在一起,一边品着红酒,欣赏着优雅的音乐,一边促膝长谈,毫无拘束,乐此不彼。慢慢地,这种聚会就被称为"沙龙",在欧美各国的文化界流行开来,到了 19 世纪更是达到了鼎盛的状况。

由此可见,沙龙这种社交关系,最初只是一种纯粹的兴趣交流,不涉及任何物质利益和商业利益,但能拓展高端的人脉圈。经过 400 多年的演变,今天的沙龙活动虽然还秉承其圈层社交的本质,但已经远离了它的初衷,变得越来越商业化,由此也催生了沙龙经济的产生。

关于沙龙经济,目前并没有一个准确的定义。在我看来,沙龙经济就是通过开展各种主题圈层活动,吸引目标客户群体参加,从而实现盈

利的一种经济模式。通过对当今沙龙活动的形式进行分析，不难发现，沙龙活动的盈利模式无非就这几种：门票销售、产品销售和会员制度等。沙龙经济模式的核心是通过提供专业服务和与众不同的主题创意，不断提升沙龙的知名度和圈层影响力，从而让更多的参与者加入，达到盈利的目的。

在商业化的今天，沙龙作为一种社交平台和盈利模式，的确能够发挥多元化的作用和价值。第一，沙龙活动是创造和开拓市场最快捷的途径，因为它能聚集某个行业或领域志趣相同的人，通过相互之间的探讨交流，获得市场需求和偏好的第一手信息，快速发现新的商机和合作机会。第二，举办与客户面对面交流的沙龙活动，可以直接了解和改善客户的需求，吸取客户的建议，进一步提升产品的服务质量。第三，沙龙活动经过媒介的炒作之后，还能扩大宣传，让项目或品牌的知名度得到

提升。

　　正因为沙龙活动带来的经济效益，才让很多人为之投入了太多的人力、财力和时间，让沙龙的含糖量越来越高，最终不可避免地蜕变成了一种甜腻社交。于是，我们可以看到，越来越多的年轻人正在远离这种流于形式、浮华、世俗化的沙龙活动。

　　那么，是不是在零糖社交的体系下，沙龙社交已经失去了它的作用，应该完全摒弃呢？当然不是。社会的每一次变革，都会驱动传统落后的社交行为进行自我调整和转变，以更符合社会发展的模式继续发挥它应有的作用。沙龙社交也是如此，当追求牌面的沙龙活动日渐式微时，另一种更为小众的沙龙却悄然在年轻人中间流行起来。我们可以把这种小众的沙龙活动称为"微沙龙"。

　　微沙龙同样起源于法国，它是指小型和精英化的聚会，目的就是促进人与人之间的思想碰撞和知识交流。和传统沙龙相比，微沙龙举办的场地空间更私密，避免受到外界的干扰，所以并不稀罕炒作和知名度的传播，这个特点更接近沙龙最初的性质，也更符合零糖社交的理念。

微沙龙通常会有一个主持人，参加沙龙的人相互介绍各自的职业、专业、兴趣爱好等个人信息，结合自己的经验，畅所欲言地表达自己的思想和观点，对一些大家共同感兴趣的问题相互探讨交流。这种小众的沙龙形式，从根本上除去了传统沙龙的糖分，在这里没有身份的贵贱、财富差异的不自在、社会地位的约束，因此能够帮助人们拓展更纯粹的人际关系，实现职场和人生目标的提升。

这种小众的微沙龙还有一个特征，就是对行业或兴趣的精细划分，让沙龙的主题更加明确和具体。因此，它才受到更多年轻人的追捧。现在，每个行业的人们都在努力尝试这种小型和精英化的社交方式，以满足自己在职场和人生中的成长需求。经常参加微沙龙的邓丹便认为，微沙龙能够帮助自己寻找志同道合的朋友，让大家在愉快的氛围中探讨行业动态，分享不同的实践经验，为未来的发展方向提供更多灵感。"当我们主动放弃了快节奏的社交方式时，微沙龙反而让我们的社交慢下来，沉淀下来，更好地享受沙龙社交的细节与品质。"

在美国有一部非常走红的电影，名为《社交网络》，讲述了一个患有社交障碍的i人通过创建社交网站脸书（Facebook）一举成名的故事。类似Facebook的社交平台在国内有很多，每个社交平台都非常火爆，这充分证明，社交关系去糖化让年轻人的社交需求变得更旺盛。很多患有社交障碍的年轻人，因为排斥线下社交活动，不得不将社交注意力转移到了网上。但线上社交平台并不能完全满足现实社交的所有需求，我们仍然需要健康生态的线下社交行为。而微沙龙的出现，就给了他们一个重新选择回到面对面社交场景的机会，从而弥补年轻人社交体验感的不足，让他们重拾深度社交的体验，在真实的社交场景中感受被理解和接纳的温暖，从而体验到久违的深层次的幸福感。

还有一个不容忽视的社会现实，今天熟人社会的很多规则都在被不断打破，人际关系变得更理性，也更加符合法治社会的规范需求。从社会发展的角度看，这是社交关系的一次重大进步。但反过来看，当我们身边的熟人和朋友变得越来越少，本身又缺乏结交新朋友的勇气和能力，而小众微沙龙基于个人的兴趣爱好，因为其规模小，形式不拘一格，所以能够将文化、艺术以及生活方式等方方面面的主题融入进来。我们总能在其中找到一种符合自己兴趣的沙龙，与具备相同兴趣的人相聚，共同探讨和分享经验，释放生活压力，呈现出更良好的状态，获得真正的社交乐趣。

在这种情况下，小众沙龙很好解决社恐年轻人们的社交尴尬。试想一下，在微沙龙的场景中，当我们和有相同兴趣或话题的陌生人面对面时，大家就有了谈资，无论是高雅艺术、柴米油盐，还是关于国计民生的问题，都可以拿来探讨和分享。不追求沙龙活动带来的直接利益，只是将自我状态调整当成最直接的目标，无形中就会让自己的心态更平和，经验更丰富，朋友圈也会变得越来越纯粹。

小众微沙龙还有助于品牌推广和市场拓展，产生直接的经济效益。对于急需提升知名度，拓展市场的企业和品牌而言，尤其是刚刚诞生的新生品牌，微沙龙可以将潜在客户聚集在一起，面对面地互动交流，更直接地了解潜在客户的需求，获得他们的建议。同时，微沙龙还能将从事品牌运营、销售的团队成员迅速召集在一起，以沙龙的方式进行品牌文化培训，实现快速组建本地团队的目的。这些和传统沙龙需要投入巨大的人力物力相比，不仅可以节省更多的品牌建设费用，还能迅速提高品牌在当地市场的认知度和认可度。

不久前的一个周末，邓丹在朋友的推荐下参加了一个职业生涯规划课程的小众沙龙分享会，这个原本带着卖课商业目的的沙龙活动，却让邓丹感受到了一种前所未有的愉悦。那天下着蒙蒙细雨，沙龙被安排在一个图书馆的文化空间举行。刚走进这个场所，邓丹就被这里舒适的环境深深地吸引了。眼前满是洋溢着复古气息的木质书架，整齐地摆放着各种精美的图书。主办方还为他们精心准备了咖啡和茶点，现场的氛围布置得格外温馨。

邓丹数了数前来参加沙龙的人，刚好 20 个，都是和她年龄相仿的职场白领。沙龙的环节很简单，分为课程介绍、课程互动和感受分享。整场活动几乎没有涉及产品和相关制度，更没有赤裸裸的"鸡血"，主办方和分享者只是从个人职业生涯规划方式分享的模式进行软植入，让邓丹一点都不觉得反感，反而从中获得了自我规划和自我提升的很多方

法。沙龙结束后，邓丹并没有报名参加这个课程，但主办方仍然给她准备了一份精美的伴手礼，并允许她和参加沙龙的人互留了联系方式。"基于这种良好的体验感，就算我现在没有参加课程的需求，有朝一日我觉得需要为自己人生进阶充电时，肯定会第一时间考虑他们的课程。"邓丹的这番肺腑之言，彰显了逆反传统的微沙龙商业模式的成功之处。

还有一次，邓丹参加了一个以减肥食材为主题的微沙龙，同样让她赞不绝口。这次沙龙由一家独立品牌轻食店举办，这个轻食店在抖音和小红书等社交平台上有着良好的口碑，邓丹之前也尝试过该品牌的一些减脂轻食产品，但效果并不明显。

这次沙龙同样只有 20 人参加。让邓丹感到意外的是，这些与会者不仅都是美食爱好者，还是减肥轻食的创客和博主。他们来参加沙龙时，都携带了自己做的健康食材，比如紫薯、鸡脯肉、生菜和面包。在创客们逐一分享了自己的美食制作方式之后，轻食店的主厨开始教大家现场制作彩虹三明治。这是一个轻松的时刻，邓丹和创客们一边制作三明治，一边随意地聊天，分享各自的减肥经历和创业历程。当然，在这个环节中，轻食店也巧妙地将自己的品牌背景和主推产品融入了进去，让邓丹很自然地接受了这个品牌的理念。活动的最后，主办方还设置了参与度极高的游戏，让每位参加沙龙的人变得更加熟悉。

其实，生活中各种兴趣爱好的聚会，比如摄友会、钓友会、车友会、驴友会，这些寻常可见的活动也可视为一种灵活的微沙龙。在这种圈层活动中，关系比熟人更独立，比朋友更简单，所以，微沙龙建立的是一种半熟人的圈层，这种半熟状态正是很多年轻人追求的社交状态。如果将社交看作一门严肃的人生课程，那么从微沙龙入门，掌握起来就更为容易了。

总之，微沙龙社交方式为我们带来了更开放平等的沟通平台，使我们寻找到志同道合者变得轻松。在商业领域，微沙龙社交方式的流行也昭示企业和品牌运营者更加关注品牌建设的长远目标，以对抗早已教条化、世俗化的时代氛围。我们有理由相信，随着各行各业的微沙龙活动的兴起，人与人之间的圆桌距离和交流跨度将被无限拉近，更多思想、创意的碰撞与分享，使得灵感源源不断地涌现，从而推动行业的创新和升级。

下面分享几个小众微沙龙的典型场景，从这些场景中，我们可以更深刻地理解微沙龙的魅力和特性。

如果论专业度，厅堂微沙龙就是其中的佼佼者。所谓厅堂微沙龙，就是在各大银行、金融服务性场所的厅堂区举办的微沙龙活动。和所有微沙龙一样，它的场地也是封闭的，规模小，参与人数严格限制。同时，它主题明确，更有针对性，能够对参与者提供专业的服务。这种服务的最大特点就是注重细节和服务质量，通过精致的布置和专业的人员，让每位参与者感受舒适、温馨而又规范的社交环境。并且，厅堂微沙龙的形式更加灵活，根据参与者的兴趣和需求调整时间，可定期举行，也可不定期举行。

既然厅堂微沙龙是在银行等金融机构场所举办，它的主题多与理财知识和金融产品有关，比如金融产品推荐、投资理财经验的分享、客户体验交流等。每次沙龙活动，主办方都会邀请行业专家举办讲座，组织沙龙成员分组讨论，并穿插各种有趣的互动游戏和抽奖环节等，从根本上改变了传统金融和投资理财产品推广的枯燥乏味。

而且，银行组织的厅堂微沙龙还以提升客户满意度，增加客户对品牌忠诚度的黏性为目的。在一种高端和轻松的氛围中与客户实现面对面交流，能够更好地了解客户的需求和意见，从而为客户定制个性化服务。因此，厅堂微沙龙已经成为银行和金融机构提升品牌形象，拓展客户渠道，为企业持续保持良性发展最有效的营销手段。

在微沙龙中，还有一种更小众的场景，那就是两人沙龙。两人沙龙，并非两个人面对面的交流，而是指聚集两个人的家庭或者朋友圈，在共同选择的场所进行聚会，讨论和交流大家都感兴趣的话题，探讨共同利益的事务。两人沙龙的主要形式为：定期举办小型聚会，在聚会上完成深度交流，分享各自的经验和知识，让友谊变得更加稳固。

和传统沙龙或大规模的社交活动相比，两人沙龙的优势在于，让私密性和亲密性都得到了加强。由于沙龙的场所很小，参与沙龙的人数有限，每个人都能保持松弛的心态，自由地发表意见，分享心得，尽情展示各自的风采。除此之外，组织者每次都会确定沙龙的主题或话题，让沙龙的目的性更明确，大家讨论起来就会更有方向，更有深度。

在零糖社交体系下，两人沙龙作为微沙龙的一种极致创新形态，对个体发展的意义十分重大。首先，两人沙龙提供的这个交流、探讨和分享的社交平台，扩展了个体的知识储备和视野，促进了个体的进阶成长。尤其是涉及职场或事业方面主题的两人沙龙，会让每个参与者受益匪浅。

其次，两人沙龙一改熟人社交中的高黏度弊端，避免了熟人关系的世俗利益驱使，有效去除了和朋友、亲属交往时的糖分，让熟人社交重拾真诚，更加纯粹。在这种情况下，人与人之间的情感关系将会更加牢固，彼此之间就会充满理解、包容和互助。试想，如果两人沙龙能够得到更好的普及，那些患有社恐症的年轻人，还会逃避现实，沉溺于在线的社交平台吗？所以，两人沙龙的出现，势必会重修已经冷淡的亲缘关系，让年轻人重新回归家庭，回归血脉相连的温情之中。

最后，两人沙龙这种小众化的社交方式，让人际关系得以交叉延展，无论是内容还是形式都打破了传统社交场合的约束，让我们的生活变得多姿多彩。因此，那些经常参加两人沙龙的人，内心的快乐感也一定会高于旁人。

如果说在职场和其他社会性场所开展的微沙龙,或多或少都免不了商业利益的追求,那么近年来在各大高校兴起的学术微沙龙活动,其目的就要纯粹得多,就是要通过这种小规模、零门槛、开放自由的方式,促进高校师生之间的学术交流,提升个人的学术修养。

小陈正在北京某所著名高校攻读博士学位,这所学校浓厚的学术氛围让他非常满意。过去,校园里的学术交流,总是学生和导师之间,或者学生与学生之间一对一的探讨。这种探讨虽然可以让交流更加深入,但毕竟两个人的思维都充满了局限性。所以,从两年前开始,学校就尝试组织学术微沙龙活动,让对沙龙活动主题感兴趣的师生都参与进来,得到交流学习的机会。小陈说:"学术微沙龙的出现,彰显了我们学校在学术方面的开放和包容,让更多的人有机会得到成长。"

一开始,学校将学术微沙龙安排在了学术厅举行,但因为学术厅空间大,容纳的人数太多,让微沙龙变成了导师主讲的学术报告,参与的人根本无法自由、顺畅地进行探讨,全都变成了听众,这就失去了举办微沙龙的意义。后来,学校总结经验,将一家环境幽雅的校园咖啡厅打造成了学术微沙龙的固定场所。这家咖啡厅最多可以容纳30多人,这个规模的人数刚好符合微沙龙的定义。

小陈说,每次学术微沙龙的所有费用都由学校承担,参与者不用出一分钱就能品尝到一杯咖啡和其他点心。沙龙对参与者不设任何门槛,学校里的所有师生,只要对这次沙龙的主题感兴趣,都可以申请参加。当然,由于人数限制,想要争取到一个沙龙的名额,你的动作必须要快,否则,就只能等到下一次机会了。

沙龙的发起者,可以是学校的导师,也可以是学生。但发起者的主题要经过学校相关部门的审核,通过审核后才有机会实行。当然,这是对比较正式和官方的学术微沙龙的要求。在这座咖啡厅里，还会经常举办一些私人化的学术微沙龙活动。这些沙龙活动的主题不受限制，不必向学校报备。"如果你上午突然有一个灵感，立即可以在校园群、班级群或学校论坛发起活动，最快两三个小时之后，你就可以和对这个主题感兴趣的师生们在咖啡厅一边品着咖啡，一边愉快地讨论学术了。只不过，像这种私人化的微沙龙，需要所有参与者均摊费用。"

根据小陈的统计，两年来，在这个校园咖啡厅举办的正式和非正式学术微沙龙活动已经累积了300场，超过1500名师生参与了这些沙龙活动。小陈自己也参与了10多次。为何学术微沙龙会在校园备受追捧？在小陈看来，这种形势下的学术探讨，更能激发大家的兴趣和灵感，也更平等和自由。同时，由于它规模小，又是自发组织，让落地变得更加容易。

通过参加这些微沙龙活动，小陈不仅丰富了见识，提升了学问，还和很多志趣相投的同学成了朋友。"和校园外的社交关系相比，学校里的社交关系肯定要单纯得多。如果把学术微沙龙看成一种校园社交，这种社交模式又要比其他校园社交更纯粹和有趣。"小陈深有感触地说。

目前，很多高校都将学术微沙龙纳入了信息化管理的范畴。有的学校专门为学术微沙龙建立了微信公众号平台进行运营。为了保障每次沙龙活动的真实透明，沙龙发起者必须通过学校的电子身份认证才能在微信公众号上发布沙龙的主题。沙龙的主题一旦发布，平台就会推送给每个关注了公众号的师生，让每个人都有机会浏览沙龙活动的情况并报名自己感兴趣的活动。这种方式的最大好处就是，可以让沙龙的发起者迅速找到有着共同研究兴趣的学术伙伴，即便在线下不能见面，也可以通过线上进行交流。

学术微沙龙信息化管理的另一个好处就是，只要你有交流的灵感和需求，在任何时间任何地点都能发起沙龙活动，为微沙龙的发起和召集提供了更便利的空间。当不同学科的学生因为同一个感兴趣的主题聚集在一起交流讨论时，很多意想不到的想法和观点就会被激发出来，思想碰撞带来的灵感让每个人都能收获到自己想要的东西。或许，这才是学术微沙龙真正的价值所在。

有专家甚至认为，这种线上穿针引线，线下深入交流的微沙龙模式，正在引领学术3.0版本时代的到来。之前的学术1.0版本时代，只是停留在线下的学术讨论，学术2.0时代只是基于网络和社交平台的普及，停留在线上讨论。微沙龙的创新之处，正是将线上和线下进行了完美的融合。

针对学术微沙龙的作用，还是有不少人报以怀疑的态度。他们认为，微沙龙这种形式的确有足够的吸引力，但有多少人能够真正通过这些沙龙找到"对的人"，为自己的学术成长带来实质性的帮助？在西安一所高校攻读软件与信息化管理博士学位的赵同学分享了自己的亲身经历，对这种质疑做出了回答。

赵同学说，半年前她正在研究一个新的学术课题，因为这个课题涉及多个学科领域，其中有好几个学科都是她不擅长的，这也让她在写论文时遇到了一个非常大的瓶颈。尽管查阅了很多相关的书籍和资料，也亲自求教过这些学科的同学和老师，还是始终不得要领。赵同学陷入进退维谷的艰难境地，让她非常痛苦，甚至一度有了放弃这个课题研究的念头。

就在这时，赵同学无意中看到了学校的微沙龙平台，于是她抱着试一试的心情在平台上发布了自己的研究主题，想要通过组织一次该主题的微沙龙来找到可以为自己解决难题的有缘人。出乎她的意料，这个微沙龙活动两天后就落地实施了，一共来了20多个相关学科的同学。他们对相关问题的研究颇有建树，沙龙活动上激发的灵感和观点，让折磨了赵同学很久的难题不攻自破。对此，赵同学的心情可谓是柳暗花明，她说道："通过微沙龙找到对的人，他们有针对性的点拨远比我自己生硬盲目的学习更管用。"

在剑桥大学，先后诞生了60多位诺贝尔奖获得者，有人戏称，这些诺贝尔奖获得者都是通过剑桥大学免费的下午茶"喝"出来的。这种说法未免夸张，却揭示了一个我们无法否定的事实，学术交流离不开开放、自由和平等的思维碰撞平台，而学术微沙龙的出现，无疑为各个高校的学术交流研究注入了一股新活力，势必推动高校学术迎来更良好的发展契机。